AF294932

Seneca

Epistulae morales ad Lucilium

Liber VII
Epistulae LXIII-LXIX

Latein/Deutsch

Michael Weischede

Herstellung und Verlag:

BoD – Books on Demand, Norderstedt

ISBN 9783754398760

Bibliografische Information der Deutschen Nationalbibliothek

Die Deutsche Nationalbibliothek verzeichnet diese Publikation in der
Deutschen Nationalbibliografie; detaillierte bibliografische Daten sind im
Internet über http://dnb.dnb.de abrufbar.

Vorwort

Senecas Briefe an seinen Freund Lucilius gehören zu den wenigen Texten der lateinischen Literatur, die auch nach dem Zusammenbruch des Römischen Reiches nicht in Vergessenheit gerieten. Während die meisten Publikationen der Antike erst in der Renaissance „wiedergeboren" wurden, fanden die Epistulae morales ad Lucilium bis in unsere Zeit hinein durchgängig eine interessierte Leserschaft. Aus diesem Grund herrscht auch heute kein Mangel an Übersetzungen der Briefe. Es erschien mir deshalb wenig sinnvoll, eine weitere hinzuzufügen, ohne einen gesonderten Schwerpunkt zu setzen. Ich habe mich deshalb ganz bewusst für ein möglichst text- und wortgetreues Vorgehen entschieden und mich dabei, soweit es ging, an die Wortvorschläge der gängigen Lexika gehalten (Georges, PONS, Stowasser, Langenscheidt usw.). Vor allem Schülern sollte es auf diese Weise leichter fallen, die Übersetzung aus dem Lateinischen nachzuvollziehen und bei Bedarf mit ihren eigenen Bemühungen zu vergleichen.

Der lateinische Textteil stammt aus verschiedenen Internetquellen, wobei das Augenmerk auf der Gemeinfreiheit lag. Er ist also nicht editiert, und ich habe mir zudem erlaubt, ihn hier und da an meine stilistischen Vorlieben anzupassen. Für ein ernsthaftes wissenschaftliches Arbeiten ist er dementsprechend nicht geeignet. Er soll lediglich aufzeigen, auf welcher Grundlage die Übersetzung erfolgte.

Soweit mir meine Motivation für dieses Projekt nicht abhanden kommt, werde ich nach und nach alle 20 Bücher mit den Briefen an Lucilius übersetzen und veröffentlichen. Bei meiner eher gemächlichen Arbeitsweise kann das allerdings einige Zeit dauern ...

Dortmund im Oktober 2021

Liber VII – Epistula LXIII

Seneca Lucilio suo Salutem,

(1) Moleste fero decessisse Flaccum, amicum tuum, plus tamen aequo dolere te nolo. Illud, ut non doleas, vix audebo exigere; et esse melius scio. Sed cui ista firmitas animi continget nisi iam multum supra fortunam elato? Illum quoque ista res vellicabit, sed tantum vellicabit. Nobis autem ignosci potest prolapsis ad lacrimas, si non nimiae decucurrerunt, si ipsi illas repressimus. Nec sicci sint oculi amisso amico nec fluant; lacrimandum est, non plorandum.

(2) Duram tibi legem videor ponere, cum poetarum Graecorum maximus ius flendi dederit in unum dumtaxat diem, cum dixerit etiam Niobam de cibo cogitasse? Quaeris unde sint lamentationes, unde immodici fletus? Per lacrimas argumenta desiderii quaerimus et dolorem non sequimur sed ostendimus; nemo tristis sibi est. O infelicem stultitiam! Est aliqua et doloris ambitio.

Buch 7 – Brief 63

Seneca grüßt seinen Lucilius,

(1) Es betrübt mich, dass dein Freund Flaccus gestorben ist; trotzdem will ich nicht, dass du mehr als angemessen trauerst. Dass du [gar] nicht trauern sollst, ein solches werde ich kaum zu verlangen wagen; und doch weiß ich, dass es besser wäre. Aber wem wird diese Standhaftigkeit des Herzens zuteil außer demjenigen, der bereits weit über das Schicksal hinaus emporgetragen wurde? Auch ihm wird dieses Geschehnis einen Stich versetzen, aber nur einen Stich. Uns hingegen, obgleich wir uns zu Tränen haben hinreißen lassen, kann verziehen werden, wenn sie nicht über die Maßen geflossen sind, wenn wir sie von uns aus zurückgedrängt haben. Die Augen sollten beim Verlust des Freundes weder ohne Tränen noch triefend nass sein; es darf geweint werden, nicht gejammert.

(2) Ich scheine dir ein hartes Gebot aufzuerlegen, obgleich der größte der griechischen Dichter für nicht mehr und nicht weniger als einen Tag das Recht eingeräumt hat, sich weinend zu beklagen, obgleich er versichert hat, dass selbst Niobe an Speise dachte? Du willst wissen, woher die Wehklagen stammen, woher der maßlose Tränenstrom? Mit den Tränen suchen wir Beweise für unsere Sehnsucht zu gewinnen und wir fügen uns nicht dem Schmerz, sondern wir zeigen ihn; niemand ist für sich [selbst] in Trauer. Ach, die Unglück bringende Torheit! Sogar im Kummer findet sich manch eine Eitelkeit.

(3) 'Quid ergo?', inquis, 'obliviscar amici?' Brevem illi apud te memoriam promittis, si cum dolore mansura est: iam istam frontem ad risum quaelibet fortuita res transferet. Non differo in longius tempus quo desiderium omne mulcetur, quo etiam acerrimi luctus residunt: cum primum te observare desieris, imago ista tristitiae discedet. Nunc ipse custodis dolorem tuum; sed custodienti quoque elabitur, eoque citius quo est acrior desinit.

(4) Id agamus ut iucunda nobis amissorum fiat recordatio. Nemo libenter ad id redit quod non sine tormento cogitaturus est, sicut illud fieri necesse est, ut cum aliquo nobis morsu amissorum quos amavimus nomen occurrat; sed hic quoque morsus habet suam voluptatem.

(5) Nam, ut dicere solebat Attalus noster, 'sic amicorum defunctorum memoria iucunda est quomodo poma quaedam sunt suaviter aspera, quomodo in vino nimis veteri ipsa nos amaritudo delectat; cum vero intervenit spatium, omne quod angebat exstinguitur et pura ad nos voluptas venit.'

(6) Si illi credimus, 'amicos incolumes cogitare melle ac placenta frui est: eorum qui fuerunt retractatio non sine acerbitate quadam iuvat. Quis autem negaverit haec acria quoque et habentia austeritatis aliquid stomachum excitare?'

(3) „Was nun also“, wendest du ein, „soll ich nicht mehr an den Freund denken?“ Du stellst ihm ein kurzes Andenken bei dir in Aussicht, wenn es [nur] zusammen mit dem Kummer fortbestehen wird: alsbald lässt eine zufällige Begebenheit deine Miene zu einem Lächeln übergehen. Ich vertröste nicht auf die allzu lange Zeit, durch die all die Sehnsucht gelindert wird, durch die selbst die heftigsten Ausbrüche von Trauer sich legen: sobald du es unterlässt, auf dich [selbst] zu achten, wird dieser äußere Schein der Traurigkeit vergehen. Im gegenwärtigen Augenblick hältst du selbst deinen Kummer aufrecht; aber auch demjenigen, der ihn aufrechterhält, wird er entgleiten, und er endet desto schneller, je heftiger er ist.

(4) Lass uns darauf hinarbeiten, dass die Erinnerung an diejenigen, die wir verloren haben, angenehm wird. Niemand kommt gerne auf etwas zurück, woran er nicht ohne Qual denken kann, so wie unabänderlich ein dieses geschehen wird, dass uns der Name der Verlorenen, die wir geliebt haben, mit manch bitterer Empfindung entgegentritt; aber auch diese bittere Empfindung besitzt ein eigenes Vergnügen.

(5) Denn, wie unser Attalus zu sagen pflegte, „das Andenken an die verstorbenen Freunde ist auf eine Weise angenehm, wie manche Früchte angenehm bitter sind, wie uns sogar die Bitterkeit an einem allzu alten Wein erfreut; wenn allerdings ein längerer Zeitraum dazwischentritt, wird alles ausgelöscht, was uns beunruhigt hat, und eine heitere Freude stellt sich bei uns ein.“

(6) Wenn wir ihm glauben, „heißt an die unversehrten Freunde zu denken, sich an Honig und Kuchen zu laben: der Gedanke an diejenigen, die waren, erfreut nicht ohne eine gewisse Bitterkeit. Wer jedoch würde bestreiten, dass auch das, was an Schärfe und etwas an Herbheit besitzt, den Magen erfreut?“

(7) Ego non idem sentio: mihi amicorum defunctorum cogitatio dulcis ac blanda est; habui enim illos tamquam amissurus, amisi tamquam habeam.

Fac ergo, mi Lucili, quod aequitatem tuam decet, desine beneficium fortunae male interpretari: abstulit, sed dedit.

(8) Ideo amicis avide fruamur quia quamdiu contingere hoc possit incertum est. Cogitemus quam saepe illos reliquerimus in aliquam peregrinationem longinquam exituri, quam saepe eodem morantes loco non viderimus: intellegemus plus nos temporis in vivis perdidisse.

(9) Feras autem hos qui neglegentissime amicos habent, miserrime lugent, nec amant quemquam nisi perdiderunt? Ideoque tunc effusius maerent quia verentur ne dubium sit an amaverint; sera indicia affectus sui quaerunt.

(10) Si habemus alios amicos, male de iis et meremur et existimamus, qui parum valent in unius elati solacium; si non habemus, maiorem iniuriam ipsi nobis fecimus quam a fortuna accepimus: illa unum abstulit, nos quemcumque non fecimus.

(7) Ich hege nicht dieselbe Überzeugung: ich habe eine liebevolle und zärtliche Erinnerung an die verstorbenen Freunde; ich habe sie nämlich besessen, als ob ich sie verlieren werde, ich habe sie verloren, als ob ich sie [weiter] besitzen würde.

Handle also, mein Lucilius, wie es deinem Gerechtigkeitssinn angemessen ist, höre auf, die Gunst des Schicksals als ungünstig zu deuten: es hat genommen, aber auch gegeben.

(8) Wir sollten uns deswegen leidenschaftlich an den Freunden erfreuen, weil es ungewiss ist, wie lange [uns] dies zuteilwerden kann. Lass uns daran denken, wie oft wir sie zurückgelassen haben, um uns für einen langen Auslandsaufenthalt auszuschiffen, wie oft wir sie nicht gesehen haben, obwohl wir an demselben Ort verweilten: wir werden einsehen, dass wir zu ihren Lebzeiten einen allzu großen Teil der Zeit vergeudet haben.

(9) Kannst du aber diejenigen ertragen, die Freunde gänzlich gleichgültig behandeln, sie [dafür] äußerst unglücklich betrauern, und irgendjemand nur lieben, wenn sie ihn verloren haben? Und daher trauern sie dann übertrieben, weil sie fürchten, dass es Zweifel geben könnte, ob sie geliebt haben; sie suchen sich verspätete Beweise ihrer Zuneigung zu verschaffen.

(10) Wenn wir andere Freunde haben, machen wir uns um diese entweder schlecht verdient oder wir meinen, dass sie als Ersatz für den einen, der zu Grabe getragen wurde, nicht bedeutsam genug sind; wenn wir keine besitzen, haben wir an uns selbst ein größeres Unrecht begangen, als wir vom Schicksal empfangen haben: einen einzigen [Freund] hat es sich genommen, wir uns jeden, den wir uns nicht gemacht haben.

(11) Deinde ne unum quidem nimis amavit qui plus quam unum amare non potuit. Si quis despoliatus amissa unica tunica complorare se malit quam circumspicere quomodo frigus effugiat et aliquid inveniat quo tegat scapulas, nonne tibi videatur stultissimus? Quem amabas extulisti: quaere quem ames. Satius est amicum reparare quam flere.

(12) Scio pertritum iam hoc esse quod adiecturus sum, non ideo tamen praetermittam quia ab omnibus dictum est: finem dolendi etiam qui consilio non fecerat tempore invenit. Turpissimum autem est in homine prudente remedium maeroris lassitudo maerendi: malo relinquas dolorem quam ab illo relinquaris; et quam primum id facere desiste quod, etiam si voles, diu facere non poteris.

(13) Annum feminis ad lugendum constituere maiores, non ut tam diu lugerent, sed ne diutius: viris nullum legitimum tempus est, quia nullum honestum. Quam tamen mihi ex illis mulierculis dabis vix retractis a rogo, vix a cadavere revulsis, cui lacrimae in totum mensem duraverint? Nulla res citius in odium venit quam dolor, qui recens consolatorem invenit et aliquos ad se adducit, inveteratus vero deridetur, nec immerito; aut enim simulatus aut stultus est.

(11) Daher hat derjenige, der nicht mehr als einen lieben konnte, den einen nicht einmal allzu sehr geliebt. Wenn irgendeiner, der durch den Verlust eines einzigen Hemdes entkleidet wurde, sich lieber laut beklagen möchte, als zu überlegen, wie er der Kälte entfliehen und irgendetwas finden könnte, dass seinen Rücken verhüllt, würde dir das etwa nicht ausgesprochen töricht erscheinen? Den du liebtest, hast du zu Grabe getragen: suche einen zu gewinnen, den du lieben kannst. Es ist besser, wieder einen Freund zu erwerben, als zu weinen.

(12) Ich weiß, dass das, was ich hinzufügen werde, bereits sehr abgenutzt ist, trotzdem werde ich es nicht deswegen außer acht lassen, weil es [schon] von allen gesagt wurde: mit der Zeit gelangt selbst einer, der nicht mit dieser Absicht spielte, zu einem Ende der Trauer. Als schändlichstes Heilmittel der Trauer gilt bei einem verständigen Menschen jedoch ein Ermatten des Trauerns: lieber will ich, du gibst die Trauer auf, als du von ihr aufgegeben wirst; und höre möglichst bald auf, das zu tun, was du, selbst wenn du es willst, nicht lange tun kannst.

(13) Unsere Vorfahren haben den Frauen ein Jahr zum Trauern bestimmt, nicht damit sie so lange, sondern damit sie nicht länger trauerten: für die Männer gibt es keine durch ein Gesetz festgelegte Zeit, da ihnen keine würdig ist. Welche von den Weibern, die nur mit Mühe vom Scheiterhaufen zurückgehalten, die nur mit Mühe vom Leichnam weggerissen worden sind, wirst du mir gleichwohl vorsetzen, bei der die Tränen einen ganzen Monat angedauert haben? Nichts gerät schneller in Verdruss als die Trauer, die [noch] jung einen Tröster findet und manchen an sich zieht, alt geworden aber verspottet wird – und nicht zu Unrecht: denn sie ist entweder geheuchelt oder töricht.

(14) Haec tibi scribo, is qui Annaeum Serenum carissimum mihi tam immodice flevi ut, quod minime velim, inter exempla sim eorum quos dolor vicit. Hodie tamen factum meum damno et intellego maximam mihi causam sic lugendi fuisse quod numquam cogitaveram mori eum ante me posse. Hoc unum mihi occurrebat, minorem esse et multo minorem – tamquam ordinem fata servarent!

(15) Itaque assidue cogitemus de nostra quam omnium quos diligimus mortalitate. Tunc ego debui dicere: 'Minor est Serenus meus: quid ad rem pertinet? Post me mori debet, sed ante me potest.' Quia non feci, imparatum subito fortuna percussit. Nunc cogito omnia et mortalia esse et incerta lege mortalia; hodie fieri potest quidquid umquam potest.

(16) Cogitemus ergo, Lucili carissime, cito nos eo perventuros quo illum pervenisse maeremus; et fortasse, si modo vera sapientium fama est recipitque nos locus aliquis, quem putamus perisse praemissus est. Vale.

———

(14) Dieses schreibe ich dir als einer, der den mir so teuren Annaeus Serenus so übermäßig lang beweint hat, dass ich, was ich keineswegs wollte,
als Beispiel für diejenigen diene, die der Schmerz überwältigt hat. Doch
wenigstens missbillige ich heute mein Benehmen und erkenne, dass der
Hauptgrund, in einem solchen Grade zu trauern, für mich darin bestand,
dass ich niemals bedacht hatte, er könne vor mir sterben. Mir schoss nur
das eine durch den Kopf, dass er jünger, sogar viel jünger ist – als ob die
Schicksalsgöttinnen eine Reihenfolge einhielten!

(15) Daher sollten wir fortwährend an unsere [eigene] Vergänglichkeit
denken als auch an die all derer, die wir gerne haben. Ich hätte damals sagen müssen: „Jünger ist mein Serenus: was tut das zur Sache? Er soll nach
mir, kann aber vor mir sterben." Weil ich das nicht tat, hat das Schicksal
einen Unvorbereiteten plötzlich getroffen. Nun verstehe ich, dass alles
sterblich ist, und zwar nach unbestimmten Regeln sterblich; heute kann
geschehen, was auch immer jemals [geschehen] kann.

(16) Lass uns also bedenken, teuerster Lucilius, dass wir [selbst] schnell
dorthin gelangen können, wohin jener gelangt ist, den wir betrauern; und
vielleicht, wenn nur die Überlieferung derer, die weise sind, wahr ist, und
irgendein Ort uns aufnimmt, ist derjenige [nur] vorausgeschickt worden,
den wir für verloren gegangen halten. Lebe wohl.

Liber VII – Epistula LXIV

Seneca Lucilio suo Salutem,

(1) Fuisti here nobiscum. Potes queri, si here tantum; ideo adieci 'nobiscum'; mecum enim semper es. Intervenerant quidam amici propter quos maior fumus fieret, non hic qui erumpere ex lautorum culinis et terrere vigiles solet, sed hic modicus qui hospites venisse significet.

(2) Varius nobis fuit sermo, ut in convivio, nullam rem usque ad exitum adducens sed aliunde alio transiliens. Lectus est deinde liber Quinti Sextii patris, magni, si quid mihi credis, viri, et licet neget Stoici.

(3) Quantus in illo, di boni, vigor est, quantum animi! Hoc non in omnibus philosophis invenies: quorundam scripta clarum habentium nomen exanguia sunt. Instituunt, disputant, cavillantur, non faciunt animum quia non habent: cum legeris Sextium, dices: 'Vivit, viget, liber est, supra hominem est, dimittit me plenum ingentis fiduciae.'

Buch 7 – Brief 64

Seneca grüßt seinen Lucilius,

(1) Gestern warst du mit uns zusammen. Du könntest dich beschweren, wenn es nur gestern war; daher habe ich „mit uns" hinzugefügt; mit mir bist du nämlich immer zusammen. Es waren einige Freunde dazugekommen, derentwegen stärkerer Rauch entstanden ist, nicht ein solcher, der gewöhnlich aus den Küchen der Vornehmen hervorbricht und die Feuerwehrleute erschreckt, sondern dieser nicht allzu starke, der anzeigen kann, dass Gäste erschienen sind.

(2) Wie bei einem Gastmahl führten wir eine abwechslungsreiche Unterhaltung, die nicht immer etwas zu einem Ergebnis bringt, sondern von einem zum anderen springt. Hierauf wurde ein Buch des Quintus Sextius vorgelesen, des Vaters, eines großen Mannes, sofern du mir nur etwas an Glauben schenkst, und, mag er es auch bestreiten, eines Stoikers.

(3) Gute Götter, welch Frische, welch Leidenschaft in ihm steckt! Das wirst du nicht bei allen Philosophen finden: leblos sind die Schriftstücke von etlichen, die sich als Berühmtheit ansehen. Sie unterweisen, sie erörtern, sie wenden Sophismen an – Leidenschaft erwecken sie nicht, weil sie keine besitzen: wenn du den Sextius gelesen hast, wirst du sagen: „er ist am Leben, er steht in voller Kraft und Frische, er ist frei, er steht über einem Menschen, voll ungeheurer Zuversicht senkt er sich in mich herab."

(4) In qua positione mentis sim cum hunc lego fatebor tibi: libet omnis casus provocare, libet exclamare: 'Quid cessas, fortuna? Congredere: paratum vides.' Illius animum induo qui quaerit ubi se experiatur, ubi virtutem suam ostendat,

spumantemque dari pecora inter inertia votis
optat aprum aut fulvum descendere monte leonem.

(5) Libet aliquid habere quod vincam, cuius patientia exercear. Nam hoc quoque egregium Sextius habet, quod et ostendet tibi beatae vitae magnitudinem et desperationem eius non faciet: scies esse illam in excelso, sed volenti penetrabilem.

(6) Hoc idem virtus tibi ipsa praestabit, ut illam admireris et tamen speres. Mihi certe multum auferre temporis solet contemplatio ipsa sapientiae; non aliter illam intueor obstupefactus quam ipsum interim mundum, quem saepe tamquam spectator novus video.

(7) Veneror itaque inventa sapientiae inventoresque; adire tamquam multorum hereditatem iuvat. Mihi ista acquisita, mihi laborata sunt. Sed agamus bonum patrem familiae, faciamus ampliora quae accepimus; maior ista hereditas a me ad posteros transeat. Multum adhuc restat operis multumque restabit, nec ulli nato post mille saecula praecludetur occasio aliquid adhuc adiciendi.

(4) In welcher geistigen Verfassung ich mich befinde, wenn ich diesen lese, verrate ich dir: jedweden Schicksalsschlag möchte ich herausfordern, ausrufen möchte ich: „Worauf wartest du, Fortuna? Kämpfe! Du siehst, ich bin vorbereitet." Den Mut dessen eigne ich mir an, der darauf sinnt, wo er sich erproben, wo er seine Stärke zeigen kann,

und brennend wünscht er, dass ihm inmitten der trägen Schafe ein schäumender Eber dargeboten wird oder ein feuriger Löwe vom Berg herabsteigt.

(5) Ich möchte etwas haben, das ich besiegen, dessen Erdulden ich trainieren kann. Denn auch diesen Vorzug besitzt Sextius, dass er dir sowohl die Bedeutung eines glücklichen Lebens darlegen, als auch nicht die Hoffnung darauf nehmen wird: du wirst erkennen, dass es in erhabener Höhe liegt, aber für den, der es will, erreichbar ist.

(6) Gerade dieselbe sittliche Vollkommenheit wird dir ein dieses gewähren, dass du sie bewunderst und gleichwohl in Aussicht behältst. Ohne Zweifel pflegt mich allein schon die geistige Betrachtung der Weisheit viel Zeit zu kosten; staunend betrachte ich sie, nicht anders als zuweilen die Welt selbst, die ich oft wie ein [ganz] neuer Beobachter wahrnehme.

(7) Den Entdeckungen der Weisheit und ihren Urhebern erweise ich deshalb meine Verehrung; es ist förderlich, gleichsam die Erbschaft vieler anzutreten. Diese sind für mich hinzugewonnen, für mich erarbeitet worden. Aber lass uns als guter Hausherr handeln, lass uns mehr hervorbringen, als wir empfangen haben; größer soll diese Erbschaft von mir auf die Nachkommen übergehen. Noch immer ist viel Arbeit übrig und vieles wird übrig bleiben, und keinem, obgleich nach tausend Zeitaltern geboren, wird die Möglichkeit verwehrt, noch etwas [Bedeutendes] hinzuzufügen.

(8) Sed etiam si omnia a veteribus inventa sunt, hoc semper novum erit, usus et inventorum ab aliis scientia ac dispositio. Puta relicta nobis medicamenta quibus sanarentur oculi: non opus est mihi alia quaerere, sed haec tamen morbis et temporibus aptanda sunt. Hoc asperitas oculorum collevatur; hoc palpebrarum crassitudo tenuatur; hoc vis subita et umor avertitur; hoc acuetur visus: teras ista oportet et eligas tempus, adhibeas singulis modum. Animi remedia inventa sunt ab antiquis; quomodo autem admoveantur aut quando nostri operis est quaerere.

(9) Multum egerunt qui ante nos fuerunt, sed non peregerunt. Suspiciendi tamen sunt et ritu deorum colendi. Quidni ego magnorum virorum et imagines habeam incitamenta animi et natales celebrem? Quidni ego illos honoris causa semper appellem? Quam venerationem praeceptoribus meis debeo, eandem illis praeceptoribus generis humani, a quibus tanti boni initia fluxerunt.

(10) Si consulem videro aut praetorem, omnia quibus honor haberi honori solet faciam: equo desiliam, caput adaperiam, semita cedam. Quid ergo? Marcum Catonem utrumque et Laelium Sapientem et Socraten cum Platone et Zenonem Cleanthenque in animum meum sine dignatione summa recipiam? Ego vero illos veneror et tantis nominibus semper assurgo. Vale.

———

(8) Aber selbst wenn alles von den Ahnen entdeckt worden ist, wird Folgendes immer neu sein: der Gebrauch sowie die Kenntnis und die Ordnung dessen, was von anderen entdeckt wurde. Wie zum Beispiel die uns hinterlassenen Medikamente, mit denen man die Augen heilen kann: es ist nicht nötig, dass ich mir andere suche, aber dennoch müssen diese an die Krankheiten und die Umstände angepasst werden. Mit dem einen wird die Rauheit der Augen geglättet, mit dem anderen eine Schwellung der Augenlider vermindert, mit dem nächsten ein plötzlicher Tränenstrom abgewendet, mit wieder einem anderen das Sehvermögen geschärft: man soll sie oft gebrauchen und dabei den rechten Zeitpunkt auswählen, [sowie] bei jedem einzelnen Maß halten. Die Heilmittel des Geistes sind von den Alten entdeckt worden; auf welche Weise oder wann sie jedoch angewendet werden können, das zu untersuchen, ist unsere Aufgabe.

(9) Diejenigen, die vor uns waren, haben viele Dinge begonnen, aber nicht zu Ende geführt. Trotzdem muss man zu ihnen aufblicken und sie wie Götter verehren. Warum sollte ich nicht zum geistigen Ansporn sowohl die Bilder der großen Männer um mich haben als auch ihre Geburtstage feiern? Warum sollte ich sie nicht um der Achtung Willen ein jedes Mal um Beistand bitten? Diese Hochachtung schulde ich meinen Lehrern – auch jenen Lehrern der Menschheit, von denen die Anfänge von so viel Gutem herrührten.

(10) Wenn ich einen Konsul oder einen Prätor erblicke, werde ich alles tun, womit man das Amt zu ehren pflegt: ich springe vom Pferd herab, ich entblöße mein Haupt, ich gebe den Weg frei. Was nun also? Soll ich die beiden Marcus Cato, Laelius Sapiens, Sokrates mit Platon, Zenon und Kleanthes ohne die allerhöchste Achtung in mein Herz aufnehmen? Ich verehre jene wahrhaftig und Namen von solcher Größe erweise ich stets Respekt. Lebe wohl.

Liber VII – Epistula LXV

Seneca Lucilio suo Salutem,

(1) Hesternum diem divisi cum mala valetudine: antemeridianum illa sibi vindicavit, postmeridiano mihi cessit. Itaque lectione primum temptavi animum; deinde, cum hanc recepisset, plus illi imperare ausus sum, immo permittere: aliquid scripsi et quidem intentius quam soleo, dum cum materia difficili contendo et vinci nolo, donec intervenerunt amici qui mihi vim afferrent et tamquam aegrum intemperantem coercerent.

(2) In locum stili sermo successit, ex quo eam partem ad te perferam quae in lite est. Te arbitrum addiximus. Plus negotii habes quam existimas: triplex causa est.

Dicunt, ut scis, Stoici nostri duo esse in rerum natura ex quibus omnia fiant, causam et materiam. Materia iacet iners, res ad omnia parata, cessatura si nemo moveat; causa autem, id est ratio, materiam format et quocumque vult versat, ex illa varia opera producit. Esse ergo debet unde fiat aliquid, deinde a quo fiat: hoc causa est, illud materia.

Buch 7 – Brief 65

(1) Den gestrigen Tag habe ich mit meiner schlechten Gesundheit geteilt: den Vormittag hat sie für sich in Anspruch genommen, den Nachmittag hat sie mir zugestanden. Daher habe ich zuerst mit Lektüre den Verstand auf die Probe gestellt; nachdem er diese aufgenommen hatte, war ich begierig, ihm mehr aufzuerlegen, vielmehr zu erlauben: während ich mich durch einen schwierigen Stoff kämpfte und nicht unterliegen wollte, habe ich schriftlich etwas aufgesetzt, und zwar aufmerksamer als gewöhnlich, solange bis sich Freunde einfanden, die mir Gewalt angetan und mich wie einen unbotmäßigen Kranken überwältigt haben.

(2) An die Stelle des Schreibens ist ein Gespräch getreten, aus dem ich denjenigen Teil an dich berichten werde, der im Streit liegt. Wir haben dich zum Schiedsrichter erklärt. Du bekommst mehr an Arbeit, als du glaubst: es gibt drei Streitpunkte.

Wie du weißt, behaupten unsere Stoiker, dass in der natürlichen Ordnung zwei Grundstoffe existieren, aus denen alles geschaffen werden kann: die Ursächlichkeit und die Materie. Die Materie liegt träge darnieder, ein zum allen bereites Etwas, das brach liegen wird, wenn niemand es in Bewegung setzt; die Ursächlichkeit jedoch, das heißt die Vernunft, sie gestaltet die Materie und dreht und wendet sie, wohin auch immer sie will, bringt aus ihr mannigfache Werke hervor. Es muss also etwas geben, woraus etwas geschaffen werden kann, anschließend, wodurch es geschaffen werden kann: letzteres ist die Ursächlichkeit, ersteres die Materie.

(3) Omnis ars naturae imitatio est; itaque quod de universo dicebam ad haec transfer quae ab homine facienda sunt. Statua et materiam habuit quae pateretur artificem, et artificem qui materiae daret faciem; ergo in statua materia aes fuit, causa opifex. Eadem condicio rerum omnium est: ex eo constant quod fit, et ex eo quod facit.

(4) Stoicis placet unam causam esse, id quod facit. Aristoteles putat causam tribus modis dici: 'Prima', inquit, 'causa est ipsa materia, sine qua nihil potest effici; secunda opifex; tertia est forma, quae unicuique operi imponitur tamquam statuae.' Nam hanc Aristoteles 'idos' vocat. 'Quarta quoque', inquit, 'his accedit, propositum totius operis.'

(5) Quid sit hoc aperiam. Aes prima statuae causa est; numquam enim facta esset, nisi fuisset id ex quo funderetur ducereturve. Secunda causa artifex est; non potuisset enim aes illud in habitum statuae figurari, nisi accessissent peritae manus. Tertia causa est forma; neque enim statua ista 'Doryphoros' aut 'Diadumenos' vocaretur, nisi haec illi esset impressa facies. Quarta causa est faciendi propositum; nam nisi hoc fuisset, facta non esset.

(3) Jedwede Kunst besteht in der Nachahmung der Natur; was ich über das Ganze gesagt habe, übertrage daher auf dasjenige, was vom Menschen erschaffen werden soll. Ein Standbild hat sowohl die Materie in sich aufgenommen, die sich den Künstler gefallen lassen musste, als auch den Künstler, welcher der Materie Gestalt gab; bei dem Standbild war also das Erz die Materie, der bildende Künstler die Ursächlichkeit. Dasselbe Verhältnis gilt für alle Dinge: es beruht auf dem, was erschaffen wird, und auf dem, was erschafft.

(4) Stoiker sind der Ansicht, dass es eine einzige Ursächlichkeit gibt: dasjenige, was [etwas] erschafft. Aristoteles meint [dagegen], die Ursächlichkeit werde durch drei Maßgaben bestimmt: „Die erste Ursächlichkeit", sagt er, „ist die Materie selbst, ohne die nichts hervorgebracht werden kann; die zweite ist der bildende Künstler; die dritte ist die Gestalt, die jedem einzelnen Werk gleichwie dem Standbild auferlegt wird." Diese nennt Aristoteles nämlich „εἶδος". „Zu diesen", fährt er fort, „kommt auch noch eine vierte hinzu, die Absicht des ganzen Werkes."

(5) Was das sein mag, will ich darlegen. Das Erz ist die erste Ursächlichkeit des Standbilds; denn sie wäre niemals geschaffen worden, wenn das nicht vorhanden gewesen wäre, woraus es gegossen oder gestaltet wurde. Die zweite Ursächlichkeit ist der Künstler; das genannte Erz hätte nämlich nicht zum Äußeren des Standbilds geformt werden können, wenn nicht sachkundige Hände hinzugekommen wären. Die dritte Ursächlichkeit ist die Gestalt; denn dieses Standbild würde man nicht „Doryphoros" oder „Diadumenos" nennen, wenn ihr dieses Äußere nicht aufgedrückt worden wäre. Die vierte Ursächlichkeit ist die Absicht des Tuns; denn wenn diese nicht existiert hätte, wäre es nicht hergestellt worden.

(6) Quid est propositum? Quod invitavit artificem, quod ille secutus fecit: vel pecunia est haec, si venditurus fabricavit, vel gloria, si laboravit in nomen, vel religio, si donum templo paravit. Ergo et haec causa est propter quam fit: an non putas inter causas facti operis esse numerandum quo remoto factum non esset?

(7) His quintam Plato adicit exemplar, quam ipse 'idean' vocat; hoc est enim ad quod respiciens artifex id quod destinabat effecit. Nihil autem ad rem pertinet utrum foris habeat exemplar ad quod referat oculos an intus, quod ibi ipse concepit et posuit. Haec exemplaria rerum omnium deus intra se habet numerosque universorum quae agenda sunt et modos mente complexus est; plenus his figuris est quas Plato 'ideas' appellat, immortales, immutabiles, infatigabiles. Itaque homines quidem pereunt, ipsa autem humanitas, ad quam homo effingitur, permanet, et hominibus laborantibus, intereuntibus, illa nihil patitur.

(8) Quinque ergo causae sunt, ut Plato dicit: id ex quo, id a quo, id in quo, id ad quod, id propter quod; novissime id quod ex his est. Tamquam in statua – quia de hac loqui coepimus – id ex quo aes est, id a quo artifex est, id in quo forma est quae aptatur illi, id ad quod exemplar est quod imitatur is qui facit, id propter quod facientis propositum est, id quod ex istis est ipsa statua <est>.

(6) Was ist die „Absicht“? Das, was den Künstler verleitet hat, das, was jener erworben hat, während er sie verfolgt hat: entweder ist es das Geld, wenn er sie mit der Absicht angefertigt hat, sie zu verkaufen, oder der Ruhm, wenn er des Ansehens wegen gearbeitet hat, oder die Götterverehrung, wenn er dem Tempel ein Geschenk bereitet hat. Es ist also auch dies eine Ursächlichkeit, aus welcher [Absicht] es geschieht: oder meinst du etwa nicht, dass unter die Ursächlichkeiten eines geschaffenen Werkes dasjenige gezählt werden muss, dessentwegen es – falls weggefallen – nicht ausgeführt worden wäre?

(7) Diesen fügte Platon ein Fünftes hinzu, das Muster, das er selbst „ἰδέα“ nennt; dieses ist es nämlich, woraufhin ein Künstler, der es berücksichtigt, dasjenige geschaffen hat, was er beabsichtigt hat. Es tut jedoch nichts zur Sache, ob sich das Muster, auf das er seinen Blick richtet, außerhalb oder in seinem Inneren befindet, soweit er es dort selbst entwickelt und angelegt hat. Diese Muster von allen Dingen trägt ein Gott in sich und er hat Anzahl und Maße von allem, das hervorgebracht werden muss, im Geiste erfasst; er ist voll von diesen Urbildern, die Platon als „ἰδέα“ bezeichnet – die unsterblichen, die unveränderlichen, die unermüdlichen. Daher kommen zwar die Menschen ums Leben, die menschliche Natur selbst jedoch, nach welcher der Mensch erschaffen wird, besteht fort, und, während sich die Menschen abmühen und zugrunde gehen, erleidet sie [selbst] nichts.

(8) Wie Platon sagt, gibt es also fünf Ursächlichkeiten: das „woraus“, das „von wem“, das „in was“, das „nach welchem“, das „weswegen“; zuletzt dasjenige, das aus diesen entsteht. Wie zum Beispiel beim Standbild – weil wir begonnen haben, darüber zu sprechen – das „woraus“ das Erz ist, das „von wem“ der Künstler ist, das „in was“ die Gestalt ist, in die es gefügt wird, das „nach welchem“ das Muster ist, das derjenige nachahmt, der es erschafft, das „weswegen“ die Absicht ist, welche es hervorbringt, dasjenige, was aus ihnen entsteht, das Standbild selbst ist.

(9) Haec omnia mundus quoque, ut ait Plato, habet: facientem, hic deus est; ex quo fit, haec materia est; formam, haec est habitus et ordo mundi quem videmus; exemplar, scilicet ad quod deus hanc magnitudinem operis pulcherrimi fecit; propositum, propter quod fecit.

(10) Quaeris quod sit propositum deo? Bonitas. Ita certe Plato ait: 'Quae deo faciendi mundum fuit causa? Bonus est; bono nulla cuiusquam boni invidia est; fecit itaque quam optimum potuit.'

Fer ergo iudex sententiam et pronuntia quis tibi videatur verisimillimum dicere, non quis verissimum dicat; id enim tam supra nos est quam ipsa veritas.

(11) Haec quae ab Aristotele et Platone ponitur turba causarum aut nimium multa aut nimium pauca comprendit. Nam si quocumque remoto quid effici non potest, id causam iudicant esse faciendi, pauca dixerunt. Ponant inter causas tempus: nihil sine tempore potest fieri. Ponant locum: si non fuerit ubi fiat aliquid, ne fiet quidem. Ponant motum: nihil sine hoc nec fit nec perit; nulla sine motu ars, nulla mutatio est.

(9) Dies alles weist auch die Welt auf, wie Platon versichert: den Erschaffenden, das ist ein Gott; woraus sie erzeugt wird, das ist die Materie; die Gestalt, das ist die Beschaffenheit und die Ordnung der Welt, die wir sehen; das Muster, selbstverständlich dasjenige, nach welchem ein Gott diese Erhabenheit eines sehr schönen Werkes zustande bringt; die Absicht, weswegen er sie geschaffen hat.

(10) Du fragst, welche Absicht ein Gott haben mag? Die Vortrefflichkeit. So wenigstens sagt es Platon: „Welchen Grund hatte ein Gott die Welt zu schaffen? Er ist gut. Der Gute hegt keinen Neid auf irgendetwas Gutes; daher hat er sie geschaffen, wie er es am besten konnte.“

Fälle also als Schiedsrichter den Urteilsspruch und verkünde, wer dir das Wahrscheinlichste zu sagen scheint, nicht wer das äußerst Wahre ausspricht; das nämlich steht so weit über uns, wie die Wahrheit selbst.

(11) Dieser Haufen von Ursächlichkeiten, der von Aristoteles und Platon aufgestellt wurde, umfasst entweder allzu viel oder allzu wenig. Denn wenn sie – nachdem alles, durch das nicht hervorgebracht werden kann, ausgeschlossen wurde – dieses dafür halten, die Ursächlichkeit [allen] Erschaffens zu sein, haben sie nur wenige genannt. Sie sollten die Zeit unter den Ursächlichkeiten anführen: nichts kann ohne die Zeit bewirkt werden. Sie sollten den Ort anführen: wenn nicht existieren würde, wo etwas geschaffen werden kann, wird es nicht geschaffen. Sie sollten die Bewegung anführen: nichts entsteht ohne diese, nichts vergeht; ohne Bewegung gibt es keine Kunst, keine Veränderung.

(12) Sed nos nunc primam et generalem quaerimus causam. Haec simplex esse debet; nam et materia simplex est. Quaerimus quid sit causa? Ratio scilicet faciens, id est deus; ista enim quaecumque rettulistis non sunt multae et singulae causae, sed ex una pendent, ex ea quae facit.

(13) Formam dicis causam esse? Hanc imponit artifex operi: pars causae est, non causa. Exemplar quoque non est causa, sed instrumentum causae necessarium. Sic necessarium est exemplar artifici quomodo scalprum, quomodo lima: sine his procedere ars non potest, non tamen hae partes artis aut causae sunt.

(14) 'Propositum', inquit, 'artificis, propter quod ad faciendum aliquid accedit, causa est.' Ut sit causa, non est efficiens causa, sed superveniens. Hae autem innumerabiles sunt: nos de causa generali quaerimus. Illud vero non pro solita ipsis subtilitate dixerunt, totum mundum et consummatum opus causam esse; multum enim interest inter opus et causam operis.

(15) Aut fer sententiam aut, quod facilius in eiusmodi rebus est, nega tibi liquere et nos reverti iube. 'Quid te', inquis, 'delectat tempus inter ista conterere, quae tibi nullum affectum eripiunt, nullam cupiditatem abigunt?' Ego quidem [peiora] illa ago ac tracto quibus pacatur animus, et me prius scrutor, deinde hunc mundum.

(12) Aber wir suchen nun eine erste und allgemeine Ursächlichkeit. Diese muss einfach sein; denn auch die Materie ist einfach. Wir fragen, was die Ursächlichkeit ist? Natürlich die hervorbringende Vernunft, das heißt ein Gott. All das nämlich, was ihr überliefert habt, sind nicht viele einzelne Ursächlichkeiten, sondern sie hängen von einer einzigen ab, von derjenigen, die bewirkt.

(13) Du behauptest, dass die Gestalt eine Ursächlichkeit ist? Der Künstler drückt diese seinem Werk auf: sie ist ein Teil der Ursächlichkeit, nicht die Ursächlichkeit. Auch das Muster ist nicht die Ursächlichkeit, sondern ein notwendiges Werkzeug der Ursächlichkeit. Das Muster ist für den Künstler so unumgänglich wie ein Meißel, wie eine Feile: ohne sie kann seine Kunst nicht voranschreiten, dennoch sind diese nicht Teile oder Ursächlichkeiten der Kunst.

(14) „Die Absicht des Künstlers", sagt man, „weshalb er es übernimmt, irgendetwas zu erschaffen, ist eine Ursächlichkeit." Wenn sie auch eine Ursächlichkeit sein mag, ist sie nicht die bewirkende Ursächlichkeit, sondern eine, die hinzukommt. Diese gibt es jedoch massenhaft: wir suchen nach der allgemeinen Ursächlichkeit. Folgendes haben sie wahrhaftig nicht in der für sie gewohnten Genauigkeit hervorgebracht, dass die ganze Welt und das vollendete Werk auf einer Ursächlichkeit beruht; es besteht nämlich ein großer Unterschied zwischen dem Werk und der Ursächlichkeit des Werks.

(15) Verkünde entweder dein Urteil, oder, was bei solchen Dingen bequemer ist, sage, dass es dir nicht klar ist, und fordere uns auf, [später] darauf zurückzukommen. „Weshalb hast du Freude daran", fragst du, „die Zeit für ein dieses zu vergeuden, das dir keinerlei Leidenschaft entreißt, dir keinerlei Begierde vertreibt?" Ich jedenfalls strebe nach den schon genannten wichtigeren Dingen und überlege, von welchen der Geist beruhigt wird, und ich suche zuerst mich [selbst] zu erforschen, dann diese Welt.

(16) Ne nunc quidem tempus, ut existimas, perdo; ista enim omnia, si non concidantur nec in hanc subtilitatem inutilem distrahantur, attollunt et levant animum, qui gravi sarcina pressus explicari cupit et reverti ad illa quorum fuit. Nam corpus hoc animi pondus ac poena est; premente illo urguetur, in vinclis est, nisi accessit philosophia et illum respirare rerum naturae spectaculo iussit et a terrenis ad divina dimisit. Haec libertas eius est, haec evagatio; subducit interim se custodiae in qua tenetur et caelo reficitur.

(17) Quemadmodum artifices [ex] alicuius rei subtilioris quae intentione oculos defetigat, si malignum habent et precarium lumen, in publicum prodeunt et in aliqua regione ad populi otium dedicata oculos libera luce delectant, sic animus in hoc tristi et obscuro domicilio clusus, quotiens potest, apertum petit et in rerum naturae contemplatione requiescit.

(18) Sapiens assectatorque sapientiae adhaeret quidem in corpore suo, sed optima sui parte abest et cogitationes suas ad sublimia intendit. Velut sacramento rogatus hoc quod vivit stipendium putat; et ita formatus est ut illi nec amor vitae nec odium sit, patiturque mortalia quamvis sciat ampliora superesse.

(16) Nicht einmal jetzt verschwende ich, wie du glaubst, meine Zeit; all diese [Dinge] nämlich, wenn sie nicht zerstückelt und nicht in diese fruchtlose Genauigkeit aufgelöst werden, ermuntern und erleichtern die Seele, die sich, obgleich von schwerer Last niedergehalten, zu entwickeln und zu jenem zurückzukehren wünscht, zu dem sie gehörte. Denn dieser Körper ist Last und Leiden für die Seele; weil er sie niederhält, wird sie in die Enge getrieben, liegt in Fesseln, falls nicht die Philosophie hinzukommt und ihr aufträgt, mit Blick auf das Wesen der Dinge aufzuatmen, und sie vom Irdischen zum Göttlichen ziehen lässt. Das ist ihre Freiheit, das ihre Ausschweifung; manchmal entzieht sie sich dem Kerker, in dem sie gehalten wird, und belebt sich neu am Sitz der Gestirne.

(17) Wie die Schöpfer eines feinen Gegenstands, der durch die [auf ihn gerichtete] Aufmerksamkeit die Augen erschöpft, wenn sie schlechtes und unbeständiges Licht haben, öffentlich ausgehen und in einem Stadtviertel, das für das Volk zur Erholung bestimmt wurde, die Augen am vollen Tageslicht erfreuen, so sucht die Seele, eingeschlossen in dieser betrübenden und dunklen Behausung, sooft sie nur kann das Freie und sie findet Ruhe bei der [geistigen] Betrachtung der Welt.

(18) Der Weise und der Jünger der Weisheit hängt freilich in seinem Körper fest, aber mit seinem besten Teil ist er nicht zugegen und er richtet seine Gedanken auf Erhabenes. Gleichsam wie die Vereidigung auf die Fahne sieht er die Tatsache, dass er lebt, als einen Kriegsdienst an; und er ist auf eine Weise ausgebildet, dass er weder Liebe noch Hass auf das Leben verspürt, und Menschliches nimmt er hin, obgleich er weiß, dass Bedeutenderes im Überfluss vorhanden ist.

(19) Interdicis mihi inspectione rerum naturae, a toto abductum redigis in partem? Ego non quaeram quae sint initia universorum? Quis rerum formator? Quis omnia in uno mersa et materia inerti convoluta discreverit? Non quaeram quis sit istius artifex mundi? Qua ratione tanta magnitudo in legem et ordinem venerit? Quis sparsa collegerit, confusa distinxerit, in una deformitate iacentibus faciem diviserit? Unde lux tanta fundatur? Ignis sit, an aliquid igne lucidius?

(20) Ego ista non quaeram? Ego nesciam unde descenderim? Semel haec mihi videnda sint, an saepe nascendum? Quo hinc iturus sim? Quae sedes exspectet animam solutam legibus servitutis humanae? Vetas me caelo interesse, id est iubes me vivere capite demisso?

(21) Maior sum et ad maiora genitus quam ut mancipium sim mei corporis, quod equidem non aliter aspicio quam vinclum aliquod libertati meae circumdatum; hoc itaque oppono fortunae, in quo resistat, nec per illud ad me ullum transire vulnus sino. Quidquid in me potest iniuriam pati hoc est in hoc obnoxio domicilio animus liber habitat.

(19) Du untersagst mir die Untersuchung der Natur der Dinge, treibst mich auf ein Teilstück zurück, nachdem ich vom Ganzen weggelockt wurde? Ich soll nicht danach forschen, welches die Ursprünge der Welt insgesamt sind? Wer der Bildner der Wirklichkeit ist? Wer ein jedes getrennt hat, was in einen Einzigen versenkt und mit träger Materie umwickelt wurde? Ich soll nicht fragen, wer der Schöpfer dieser Welt ist? Aus welcher Einsicht so viel Größe in Gesetz und Ordnung gelangt ist? Wer das Verstreute zusammengelesen, das Vermischte gehörig abgeteilt hat, wer denen, die in einer einzigen Missförmigkeit darniederlagen, eine äußere Gestalt zugeteilt hat? Woher ein Licht von solcher Stärke sich ergießt? Ob es ein Feuer oder etwas Leuchtenderes als ein Feuer ist?

(20) Ich soll dies nicht fragen? Ich soll nicht wissen, von wo ich herabgestiegen bin? Ob ich mir dieses ein einziges Mal anschauen, oder ob ich oft geboren werden muss? Wohin ich von hier aus reisen werde? Welcher Wohnsitz erwartet die von den Gesetzen der menschlichen Knechtschaft ungebundene Seele? Du hinderst mich, Anteil am Himmel zu nehmen, das bedeutet, du forderst mich auf, mit gesenktem Haupt zu leben?

(21) Ich bin größer und zu Größerem geschaffen, als dass ich Sklave meines Körpers bin, welchen ich allerdings nicht anders betrachte als irgendeine Fessel, die meiner Freiheit angelegt ist; daher gebe ich diesen dem zufälligen Schicksal preis, worin er verbleiben soll, und ich lasse nicht zu, dass durch ihn hindurch irgendein Schaden auf mich übergeht. Dieser ist alles, was an mir eine Verletzung erleiden kann, in einer derart preisgegebenen Wohnstätte wohnt eine freie Seele.

(22) Numquam me caro ista compellet ad metum, numquam ad indignam bono simulationem; numquam in honorem huius corpusculi mentiar. Cum visum erit, distraham cum illo societatem; et nunc tamen, dum haeremus, non erimus aequis partibus socii: animus ad se omne ius ducet. Contemptus corporis sui certa libertas est.

(23) Ut ad propositum revertar, huic libertati multum conferet et illa de qua modo loquebamur inspectio; nempe universa ex materia et ex deo constant. Deus ista temperat quae circumfusa rectorem sequuntur et ducem. Potentius autem est ac pretiosius quod facit, quod est deus, quam materia patiens dei.

(24) Quem in hoc mundo locum deus obtinet, hunc in homine animus; quod est illic materia, id in nobis corpus est. Serviant ergo deteriora melioribus; fortes simus adversus fortuita; non contremescamus iniurias, non vulnera, non vincula, non egestatem. Mors quid est? Aut finis aut transitus. Nec desinere timeo – idem est enim quod non coepisse –, nec transire, quia nusquam tam anguste ero. Vale.

(22) Niemals wird mich dieser Leib zur Furcht, niemals zu einer der Tugend unwürdigen Heuchelei nötigen; niemals werde ich zum Ruhm dieses Körperchens lügen. Sobald es richtig erscheint, werde ich die Gemeinschaft mit ihm auflösen; doch werden wir auch jetzt, solange wir verbunden sind, keine Gesellschafter mit gleichen Anteilen sein: die Seele wird alle Macht an sich ziehen. Die Geringschätzung seines Körpers ist wahre Freiheit.

(23) Um auf das Thema zurückzukommen: zu dieser Freiheit wird auch jene Überlegung viel beitragen, über die wir vor kurzem gesprochen haben; offenbar besteht die gesamte Welt aus Materie und kraft eines Gottes. Gehörig richtet ein Gott dasjenige ein, das ihn als Lenker und Führer umringt und sich ihm anschließt. Das, was erschafft, das heißt ein Gott, ist jedoch mächtiger und auch kostbarer als die den Gott erduldende Materie.

(24) Den Ort, den in der Welt ein Gott einnimmt, den nimmt beim Menschen die Seele ein; was dort die Materie ist, ist bei uns der Körper. Weniger Gutes soll folglich dem Besseren dienen; lasst uns tapfer sein gegenüber den schicksalhaften Ereignissen; lasst uns nicht vor Ungerechtigkeiten erzittern, nicht vor Verletzungen, nicht vor Fesseln, nicht vor der Armut. Der Tod, was ist er? Entweder Ende oder Übergang. Weder fürchte ich mich ein Ende zu nehmen – das ist nämlich dasselbe, wie nicht angefangen zu haben –, noch überzugehen, weil ich nirgends auf so engem Raum existieren werde. Lebe wohl.

Seneca Lucilio suo Salutem,

(1) Claranum condiscipulum meum vidi post multos annos: non, puto, exspectas ut adiciam senem, sed mehercules viridem animo ac vigentem et cum corpusculo suo colluctantem. Inique enim se natura gessit et talem animum male collocavit; aut fortasse voluit hoc ipsum nobis ostendere, posse ingenium fortissimum ac beatissimum sub qualibet cute latere. Vicit tamen omnia impedimenta et ad cetera contemnenda a contemptu sui venit.

(2) Errare mihi visus est qui dixit

... gratior et pulchro veniens e corpore virtus

Non enim ullo honestamento eget: ipsa magnum sui decus est et corpus suum consecrat. Aliter certe Claranum nostrum coepi intueri: formosus mihi videtur et tam rectus corpore quam est animo.

(3) Potest ex casa vir magnus exire, potest et ex deformi humilique corpusculo formosus animus ac magnus. Quosdam itaque mihi videtur in hoc tales natura generare, ut approbet virtutem omni loco nasci. Si posset per se nudos edere animos, fecisset; nunc quod amplius est facit: quosdam enim edit corporibus impeditos, sed nihilominus perrumpentis obstantia.

Buch 7 – Brief 66

Seneca grüßt seinen Lucilius,

(1) Nach vielen Jahren habe ich meinen Mitschüler Claranus wiedergesehen: ich vermute, du erwartest nicht, dass ich „den alten Mann" hinzufüge, sondern, wahrhaftig, den vom Verstand frischen und lebendigen, wenn auch einen, der mit seinem gealterten Körper ringt. Die Natur hat sich nämlich ungerecht gezeigt und einen so vorzüglichen Geist schlecht untergebracht; oder vielleicht wollte sie uns gerade dieses zeigen, dass sich unter jedweder Haut eine sehr starke und reiche Begabung verborgen halten kann. Trotzdem hat er alle Hindernisse überwunden und ist aus Verachtung seiner selbst zur Verachtung von allem sonst gelangt.

(2) Es scheint mir, dass sich derjenige irrt, der gesagt hat

... anmutiger ist die Tugend, die aus einem schönen Körper heraus sich zeigt.

Denn sie verlangt nicht nach irgendwelchem Schmuck: sie ist sich selbst eine große Zierde und weist ihrem Körper Göttliches zu. Gewiss habe ich begonnen, anders auf unseren Claranus zu blicken: ansehnlich erscheint er mir und in dem Maße vom Körper aufrecht, wie er es vom Geiste ist.

(3) Es kann aus einer Baracke ein bedeutender Mann, es kann aus einem missgestalteten und schwachen Körper ein ansehnlicher und großer Geist zum Vorschein kommen. Daher scheint mir die Natur manche deshalb so vorzüglich zu erschaffen, um zu beweisen, dass die sittliche Vollkommenheit an jedem Ort vorhanden ist. Wenn sie von sich aus bloße Seelen hervorbringen könnte, hätte sie es getan; nun tut sie, was noch großartiger ist: denn sie setzt manche in die Welt, die von ihren Körpern gehemmt sind, aber trotzdem das, was im Wege steht, überwinden.

(4) Claranus mihi videtur in exemplar editus, ut scire possemus non deformitate corporis foedari animum, sed pulchritudine animi corpus ornari. Quamvis autem paucissimos una fecerimus dies, tamen multi nobis sermones fuerunt, quos subinde egeram et ad te permittam.

(5) Hoc primo die quaesitum est, quomodo possint paria bona esse, si triplex eorum condicio est. Quaedam, ut nostris videtur, prima bona sunt, tamquam gaudium, pax, salus patriae; quaedam secunda, in materia infelici expressa, tamquam tormentorum patientia et in morbo gravi temperantia. Illa bona derecto optabimus nobis, haec, si necesse erit. Sunt adhuc tertia, tamquam modestus incessus et compositus ac probus vultus et conveniens prudenti viro gestus.

(4) Claranus erscheint mir zum Vorbild in die Welt gesetzt, damit wir erkennen können, dass der Geist nicht durch eine Missbildung des Körpers entstellt, sondern der Körper durch die Schönheit des Geistes geschmückt wird. Obgleich wir doch sehr wenige Tage zusammen verlebt haben, hatten wir trotzdem viele Unterhaltungen, die ich nach und nach aufzeichnen und an dich übergeben werde.

(5) An diesem ersten Tag wurde die Frage aufgeworfen, auf welche Weise Güter gleich sein können, wenn ihre Bestimmung dreifach ist. Manche, wie es von den Unsrigen gesehen wird, sind höher stehende Güter, wie Freude, Frieden, das Wohl des Vaterlands; manche zweitrangig, auf eine unglückliche Ursache hin erzwungen, wie das Erdulden der Qualen und die Selbstbeherrschung bei schwerer Krankheit. Die erst genannten Güter werden wir uns geradezu wünschen, die letzteren, falls es erforderlich sein wird. Es gibt außerdem noch die dritten, wie ein maßvolles Einhergehen, [und] ein gelassener und auch passender Gesichtsausdruck sowie eine dem verständigen Mann angemessene Haltung.

(6) Quomodo ista inter se paria esse possunt, cum alia optanda sint, alia aversanda?

Si volumus ista distinguere, ad primum bonum revertamur et consideremus id quale sit. Animus intuens vera, peritus fugiendorum ac petendorum, non ex opinione sed ex natura pretia rebus imponens, toti se inserens mundo et in omnis eius actus contemplationem suam mittens, cogitationibus actionibusque intentus ex aequo, magnus ac vehemens, asperis blandisque pariter invictus, neutri se fortunae summittens, supra omnia quae contingunt acciduntque eminens, pulcherrimus, ordinatissimus cum decore tum viribus, sanus ac siccus, imperturbatus intrepidus, quem nulla vis frangat, quem nec attollant fortuita nec deprimant – talis animus virtus est.

(7) Haec eius est facies, si sub unum veniat aspectum et semel tota se ostendat. Ceterum multae eius species sunt, quae pro vitae varietate et pro actionibus explicantur: nec minor fit aut maior ipsa. Decrescere enim summum bonum non potest nec virtuti ire retro licet; sed in alias atque alias qualitates convertitur, ad rerum quas actura est habitum figurata.

(6) Wie können diese [Güter] einander gleich sein, obgleich die einen wünschenswert sind, die anderen abgewendet werden müssen?

Wenn wir diese unterscheiden wollen, sollten wir zum ersten Gut zurückkehren und überlegen, wie es beschaffen ist. Ein Bewusstsein, das die wahren Dinge betrachtet, kundig dessen, was abzulehnen und was anzustreben ist, das nicht auf eine Mutmaßung, sondern auf ein Naturgesetz hin den Wert der Dinge festlegt, das die ganze Welt in sich aufnimmt und auf all ihre Bewegungen seinen gezielten Blick wirft, das auf Gedanken und Handlungen im gleichen Maße bedacht ist, groß und leidenschaftlich, durch Beleidigendes und Schmeichelndes in gleicher Weise unbezwingbar, das sich keinem Schicksal beugt, das sich über all die Dinge hinaus erhebt, die [einem] zuteil werden und zustoßen, sehr vortrefflich, sehr gehörig eingerichtet sowohl an Würde als auch an Kräften, besonnen und enthaltsam, furchtlos, charakterfest, das keine Gewalt beugen könnte, das schicksalhafte Ereignisse weder ermuntern noch niederdrücken könnten – ein Bewusstsein von solcher Art ist die sittliche Vollkommenheit.

(7) Dies ist ihre Beschaffenheit, wenn sie sich unter nur einem Gesichtspunkt nähern und sich einmal in ihrer Ganzheit zeigen könnte. Doch von ihr existieren viele Erscheinungsformen, die sich aus der Mannigfaltigkeit des Lebens und den entsprechenden Tätigkeiten entwickeln: aber sie selbst wird weder kleiner noch größer. Das höchste Gut kann sich nämlich nicht vermindern und es ist der sittlichen Vollkommenheit auch nicht erlaubt zurückzuschreiten; aber sie wird sich bald zu diesen, bald zu jenen Eigenschaften wandeln, auf die äußere Erscheinung der Dinge hin gestaltet, die sie darzustellen beabsichtigt.

(8) Quidquid attigit in similitudinem sui adducit et tinguit; actiones, amicitias, interdum domos totas quas intravit disposuitque condecorat; quidquid tractavit, id amabile, conspicuum, mirabile facit. Itaque vis eius et magnitudo ultra non potest surgere, quando incrementum maximo non est: nihil invenies rectius recto, non magis quam verius vero, quam temperato temperatius.

(9) Omnis in modo est virtus; modo certa mensura est; constantia non habet quo procedat, non magis quam fiducia aut veritas aut fides. Quid accedere perfecto potest? Nihil, aut perfectum non erat cui accessit; ergo ne virtuti quidem, cui si quid adici potest, defuit. Honestum quoque nullam accessionem recipit; honestum est enim propter ista quae rettuli. Quid porro? Decorum et iustum et legitimum non eiusdem esse formae putas, certis terminis comprehensum? Crescere posse imperfectae rei signum est.

(10) Bonum omne in easdem cadit leges: iuncta est privata et publica utilitas, tam mehercules quam inseparabile est laudandum petendumque. Ergo virtutes inter se pares sunt et opera virtutis et omnes homines quibus illae contigere.

(8) Alles, was sie berührt hat, führt sie an das ihr Ähnliche heran und gibt ihm ihren Anstrich; sorgfältig ziert sie Tätigkeiten, Freundschaften, zuweilen ganze Häuser, die sie betreten und in Ordnung gebracht hat; all das, worauf sie eingewirkt hat, macht sie liebenswert, hervorstrahlend, bewundernswert. Daher kann ihre Kraft und Größe nicht weiter anwachsen, weil es ja keine Steigerung des Größten gibt: du wirst nichts Richtigeres finden als das Richtige, ebenso wenig etwas Wahreres als das Wahre, [oder] etwas Besonneneres als das Besonnene.

(9) Jede Tugend beruht auf einem Maß; das Maß hat eine feststehende Größe; Charakterfestigkeit trägt nichts in sich, durch das es voran schreiten könnte, ebenso wenig wie Selbstvertrauen oder Aufrichtigkeit oder Treue. Was kann zum Vollendeten hinzukommen? Nichts, oder dasjenige, zu dem es hinzugekommen ist, war nicht vollkommen; folglich auch nicht zur sittlichen Vollkommenheit, der etwas fehlte, wenn etwas hinzukommen kann. Auch das sittlich Gute gestattet keine Zunahme; denn sittlich gut ist es wegen dem, was ich vorgebracht habe. Was weiter? Denkst du, dass das moralisch Richtige, [und] das Gerechte und das Gesetzmäßige nicht dieselbe Beschaffenheit haben, umschlossen von feststehenden Grenzen? Wachsen zu können, ist das Kennzeichnen von etwas Unvollkommenen.

(10) Jedes Gut fällt unter dieselben Gesetze: privates und öffentliches Interesse sind verbunden, ebenso – bei Gott – wie das Lobenswerte und das Erstrebenswerte. Folglich sind die Tugenden, [und] die Werke der Tugend und alle Menschen, denen sie zuteil wurden, einander gleich.

(11) Satorum vero animaliumque virtutes, cum mortales sint, fragiles quoque caducaeque sunt et incertae; exsiliunt residuntque et ideo non eodem pretio aestimantur. Una inducitur humanis virtutibus regula; una enim est ratio recta simplexque. Nihil est divino divinius, caelesti caelestius.

(12) Mortalia minuuntur cadunt, deteruntur crescunt, exhauriuntur implentur; itaque illis in tam incerta sorte inaequalitas est: divinorum una natura est. Ratio autem nihil aliud est quam in corpus humanum pars divini spiritus mersa; si ratio divina est, nullum autem bonum sine ratione est, bonum omne divinum est. Nullum porro inter divina discrimen est; ergo nec inter bona. Paria itaque sunt et gaudium et fortis atque obstinata tormentorum perpessio; in utroque enim eadem est animi magnitudo, in altero remissa et laxa, in altero pugnat et intenta.

(13) Quid? Tu non putas parem esse virtutem eius qui fortiter hostium moenia expugnat, et eius qui obsidionem patientissime sustinet? [et] Magnus Scipio, qui Numantiam cludit et comprimit cogitque invictas manus in exitium ipsas suum verti, magnus ille obsessorum animus, qui scit non esse clusum cui mors aperta est, et in complexu libertatis exspirat. Aeque reliqua quoque inter se paria sunt, tranquillitas, simplicitas, liberalitas, constantia, aequanimitas, tolerantia; omnibus enim istis una virtus subest, quae animum rectum et indeclinabilem praestat.

(11) Die guten Eigenschaften von Pflanzen und Tieren sind jedoch, weil sie sterblich sind, auch zerbrechlich, [und] vergänglich und unsicher; sie treten plötzlich hervor, [und] sie sinken nieder und werden deshalb nicht nach demselben Wert bemessen. An die menschlichen Tugenden wird ein einziger Maßstab angelegt; es existiert nämlich nur eine einzige sittlich gute und reine Vernunft. Nichts ist göttlicher als das Göttliche, [nichts] himmlischer als der Himmel.

(12) Irdisches wird geschwächt, verfällt, schwindet, wächst, wird ausgeschöpft und angefüllt; daher besitzt es wegen des schwankenden Geschicks eine Ungleichförmigkeit: Göttliches hat nur eine Gestalt. Die Vernunft aber ist nichts anderes als der im menschlichen Körper verborgene Teil eines göttlichen Geistes; wenn die Vernunft auf Göttlichem beruht, es aber kein Gut ohne Vernunft gibt, ist jedes Gut von göttlicher Eingebung erfüllt. Sodann gibt es unter Göttlichem keinen Unterschied; folglich auch nicht unter den Gütern. Deshalb sind sowohl die Freude als auch das tapfere und unerschütterliche Erdulden von Qualen gleichgestellt; in beiden liegt nämlich dieselbe Größe des Geistes, in der einen heiter und entspannt, in der anderen kämpferisch und angespannt.

(13) Wie? Du glaubst nicht, dass der Heldenmut von dem, der tapfer die Mauern des Feindes erstürmt, und von dem, der eine Belagerung äußerst beharrlich standhält, gleich groß ist? Groß [ist] Scipio, der Numantia einschließt, es niederhält und die unbesiegten Truppen zwingt, sich selbst in den eigenen Untergang zu stürzen, groß [ist] jener Heldenmut der Belagerten, der weiß, dass derjenige nicht eingeschlossen ist, dem der Tod offen steht, und der in den Armen der Freiheit den Geist aushaucht. Ebenso sind auch die übrigen [Güter] einander gleich, der Seelenfrieden, die Aufrichtigkeit, die Freigebigkeit, die Charakterfestigkeit, die Nachsicht, die Leidensfähigkeit; all diesen liegt nämlich die eine sittliche Vollkommenheit zugrunde, die Gewähr für einen tugendhaften und unbeugsamen Geist leistet.

(14) 'Quid ergo? Nihil interest inter gaudium et dolorum inflexibilem patientiam?' Nihil, quantum ad ipsas virtutes: plurimum inter illa in quibus virtus utraque ostenditur; in altero enim naturalis est animi remissio ac laxitas, in altero contra naturam dolor. Itaque media sunt haec quae plurimum intervalli recipiunt: virtus in utroque par est.

(15) Virtutem materia non mutat: nec peiorem facit dura ac difficilis nec meliorem hilaris et laeta; necessest ergo par sit. In utraque enim quod fit aeque recte fit, aeque prudenter, aeque honeste; ergo aequalia sunt bona, ultra quae nec hic potest se melius in hoc gaudio gerere nec ille melius in illis cruciatibus; duo autem quibus nihil fieri melius potest paria sunt.

(16) Nam si quae extra virtutem posita sunt aut minuere illam aut augere possunt, desinit unum bonum esse quod honestum. Si hoc concesseris, omne honestum periit. Quare? Dicam: quia nihil honestum est quod ab invito, quod a coacto fit; omne honestum voluntarium est. Admisce illi pigritiam, querelam, tergiversationem, metum: quod habet in se optimum perdidit, sibi placere. Non potest honestum esse quod non est liberum; nam quod timet servit.

(14) „Was nun also? Besteht kein Unterschied zwischen der Freude und dem unbeugsamen Erdulden von Schmerzen?" Keiner, in Hinsicht auf die Tugenden selbst: ein sehr großer zwischen den Erwähnten, bei denen beide Tugenden offenbar werden; bei dem einen nämlich ist die Entspannung und Gelassenheit des Geistes naturgegeben, bei einem anderen ist der Schmerz gegen die Natur. Also sind diese, die ein Höchstmaß an Unterschied in sich aufnehmen, ein Mittelding: die sittliche Vollkommenheit ist in beiden gleich groß.

(15) Der Anlass verändert nicht die sittliche Vollkommenheit: weder macht sie ein grausamer und schwieriger schlechter noch ein heiterer und froher besser; sie muss folglich die gleiche sein. Bei beiden geschieht nämlich das, was geschieht, in gleicher Weise richtig, in gleicher Weise klug, in gleicher Weise ehrenwert; deshalb sind alle Güter gleich beschaffen; über diese hinaus kann sich weder der eine besser in dieser Freude betragen noch der andere besser in jenen Qualen; zwei aber, bei denen nichts besser gemacht werden kann, sind gleich.

(16) Wenn nämlich die Dinge, die außerhalb der sittlichen Vollkommenheit gelegen sind, diese einerseits vermindern, andererseits vermehren können, ist das, was sittlich gut ist, nicht mehr das einzige Gut. Wenn man dies anerkennt, geht alles sittlich Gute verloren. Warum? Lass es dir sagen: weil nichts sittlich gut ist, das mit Widerwillen, das unter Zwang getan wird; alles sittlich Gute beruht auf freiem Willen. Füge ihm die Faulheit hinzu, das Jammern, die Ausflucht, die Furcht: verloren hat es das Beste, das es in sich trägt – mit sich [selbst] zufrieden zu sein. Es kann nicht sittlich gut sein, das nicht frei ist; denn was sich fürchtet, ist geknechtet.

(17) Honestum omne securum est, tranquillum est: si recusat aliquid, si complorat, si malum iudicat, perturbationem recepit et in magna discordia volutatur; hinc enim species recti vocat, illinc suspicio mali retrahit. Itaque qui honeste aliquid facturus est, quidquid opponitur, id etiam si incommodum putat, malum non putet, velit, libens faciat. Omne honestum iniussum incoactumque est, sincerum et nulli malo mixtum.

(18) Scio quid mihi responderi hoc loco possit: 'Hoc nobis persuadere conaris, nihil interesse utrum aliquis in gaudio sit an in eculeo iaceat ac tortorem suum lasset?' Poteram respondere: Epicurus quoque ait sapientem, si in Phalaridis tauro peruratur, exclamaturum: 'Dulce est et ad me nihil pertinet.' Quid miraris si ego paria bona dico <alterius in convivio iacentis,> alterius inter tormenta fortissime stantis, cum quod incredibilius est dicat Epicurus, dulce esse torreri?

(17) Alles sittlich Gute ist ohne Sorge, ist gelassen: wenn es etwas ablehnt, wenn es etwas laut beklagt, wenn es etwas für ein Übel hält, hat es eine Störung der Gemütsruhe zugelassen und befindet sich in großer Disharmonie; von dieser Seite lockt nämlich der Glanz des Tugendhaften, auf jener Seite gibt der Argwohn des Schlechten es nicht heraus. Daher soll derjenige, der tugendhaft etwas tun will, alles, was sich ihm entgegenstellt, auch wenn er es als unbequem ansieht, nicht für ein Übel halten – er soll es wollen, er soll es gerne tun. Alles sittlich Gute geschieht aus freien Stücken und ohne Zwang, rein und mit keinem Übel vermengt.

(18) Ich weiß, was mir an dieser Stelle erwidert werden könnte: „Du versuchst uns davon zu überzeugen, dass kein Unterschied besteht, ob einer in Freude lebt oder auf der Folter liegt und seinen Folterknecht ermüdet?" Ich könnte antworten: auch Epikur sagt, dass der Weise, falls er im Stier des Phalaris geröstet werden sollte, ausrufen wird: „Es ist angenehm und hat keine Bedeutung für mich." Warum wunderst du dich, wenn ich [zwei] Güter – das von dem einen, der beim Festmahl liegt, [und] das von dem anderen, der sich unter Qualen ausgesprochen tapfer behauptet – gleich nenne, obschon Epikur sagt, was unglaublicher ist, dass es angenehm ist, geröstet zu werden?

(19) Sed hoc respondeo, plurimum interesse inter gaudium et dolorem, si quaeratur electio, alterum petam, alterum vitabo: illud secundum naturam est, hoc contra. Quamdiu sic aestimantur, magno inter se dissident spatio: cum ad virtutem ventum est, utraque par est, et quae per laeta procedit et quae per tristia.

(20) Nullum habet momentum vexatio et dolor et quidquid aliud incommodi est; virtute enim obruitur. Quemadmodum minuta lumina claritas solis obscurat, sic dolores, molestias, iniurias virtus magnitudine sua elidit atque opprimit; et quocumque affulsit, ibi quidquid sine illa apparet exstinguitur, nec magis ullam portionem habent incommoda, cum in virtutem inciderunt, quam in mari nimbus.

(21) Hoc ut scias ita esse, ad omne pulchrum vir bonus sine ulla cunctatione procurret: stet illic licet carnifex, stet tortor atque ignis, perseverabit nec quid passurus sed quid facturus sit aspiciet, et se honestae rei tamquam bono viro credet; utilem illam sibi iudicabit, tutam, prosperam. Eundem locum habebit apud illum honesta res, sed tristis atque aspera, quem vir bonus pauper aut exilis ac pallidus.

(19) Aber ich antworte Folgendes: dass ein sehr großer Unterschied zwischen der Freude und dem Schmerz besteht; wenn eine Entscheidung verlangt werden sollte, werde ich das eine anstreben, das andere meiden: ersteres ist der Natur nahestehend, letzteres gegen sie. Solange sie auf diese Weise eingeschätzt werden, sind sie durch große Entfernung voneinander getrennt: sobald man zur sittlichen Vollkommenheit übergegangen ist, sind beide gleich, sowohl diejenige, die infolge von Freudigem, als auch diejenige, die infolge von Schmerzlichem hervortritt.

(20) Misshandlung, [und] Schmerz und was es auch immer sonst an Unglück gibt, hat keine Bedeutung; es wird nämlich von der sittlichen Vollkommenheit überdeckt. Gleich wie die Helligkeit der Sonne schwächere Lichter nicht sichtbar werden lässt, so vertreibt und unterdrückt die Tugend Schmerzen, Beschwerlichkeiten [und] Ungerechtigkeiten durch ihre Größe; und wohin auch immer sie geleuchtet hat, dort wird alles ausgelöscht, was ohne sie zum Vorschein kommt, und ebenso wenig erlangen die Widrigkeiten irgendeinen Anteil, sobald sie auf die sittliche Vollkommenheit stoßen, wie ein Regenguss im Meer.

(21) Damit du verstehst, dass es so ist: auf alles Schöne wird ein ehrenwerter Mann ohne irgendein Zögern zustürmen – auch wenn dort der Henker steht, der Folterknecht sich zeigt und der brennende Scheiterhaufen, er wird standhaft bleiben und nicht betrachten, was er erleiden, sondern was er zuwege bringen wird, und einer ehrenwerten Sache wird er sich gleichwie einem ehrenhaften Mann anvertrauen; und er wird sie sich für nützlich, für sicher, für günstig einschätzen. Eine ehrenwerte, aber unheilvolle und widrige Sache wird bei ihm denselben Rang besitzen, den ein ehrenhafter Mann, bedürftig oder auch nur kraftlos und unscheinbar [besitzt].

(22) Agedum pone ex alia parte virum bonum divitiis abundantem, ex altera nihil habentem, sed in se omnia: uterque aeque vir bonus erit, etiam si fortuna dispari utetur. Idem, ut dixi, in rebus iudicium est quod in hominibus: aeque laudabilis virtus est in corpore valido ac libero posita quam in morbido ac vincto.

(23) Ergo tuam quoque virtutem non magis laudabis si corpus illi tuum integrum fortuna praestiterit quam si ex aliqua parte mutilatum: alioqui hoc erit ex servorum habitu dominum aestimare. Omnia enim ista in quae dominium casus exercet serva sunt, pecunia et corpus et honores, imbecilla, fluida, mortalia, possessionis incertae: illa rursus libera et invicta opera virtutis, quae non ideo magis appetenda sunt si benignius a fortuna tractantur, nec minus si aliqua iniquitate rerum premuntur.

(24) Quod amicitia in hominibus est, hoc in rebus appetitio. Non, puto, magis amares virum bonum locupletem quam pauperem, nec robustum et lacertosum quam gracilem et languidi corporis; ergo ne rem quidem magis appetes aut amabis hilarem ac pacatam quam distractam et operosam.

(22) Auf nun, stell auf die eine Seite einen tugendhaften Mann, der Reichtum im Überfluss hat, auf die andere einen, der nichts besitzt, aber alles in sich [hat]: jeder von beiden wird in gleicher Weise ein ehrenwerter Mann sein, auch wenn das Schicksal sie ungleich behandelt. Wie ich erklärt habe, gilt für Dinge dieselbe Erkenntnis wie für Menschen: ebenso löblich ist die sittliche Vollkommenheit, die in einem gesunden und freien, wie diejenige, die in einem kranken und eingeschränkten Körper steckt.

(23) Also wirst du auch deine sittliche Vollkommenheit nicht in einem höheren Grad loben, wenn ihr das Schicksal deinen Körper unversehrt erhalten hat, als wenn er in irgendeiner Hinsicht verstümmelt ist: anderenfalls hieße es, nach dem Aussehen der Sklaven den Herrn zu beurteilen. All die Dinge nämlich, über die der Zufall seine Herrschaft ausübt, Vermögen und Körper und Ehre, sind dienend – kraftlos, flüchtig, sterblich, ein unsicherer Besitz: frei und unüberwindlich [sind] dagegen jene Werke der Tugend, die man nicht deshalb mehr anstreben darf, wenn sie wohlwollender vom Schicksal behandelt werden, und nicht weniger, wenn sie durch irgendeine Härte der Verhältnisse unterdrückt werden.

(24) Was bei Menschen die Freundschaft, das ist bei Dingen das Begehren. Ich denke, du würdest einen reichen tugendhaften Mann nicht mehr lieben als einen armen, und einen kräftigen und muskulösen nicht mehr als einen zierlichen und körperlich schwachen; also wirst du auch eine Sache nicht mehr begehren oder lieben, wenn sie heiter und friedlich ist, als zerstückelt und mühsam.

(25) Aut si hoc est, magis diliges ex duobus aeque bonis viris nitidum et unctum quam pulverulentum et horrentem; deinde hoc usque pervenies ut magis diligas integrum omnibus membris et illaesum quam debilem aut luscum; paulatim fastidium tuum illo usque procedet ut ex duobus aeque iustis ac prudentibus comatum et crispulum malis. Ubi par in utroque virtus est, non comparet aliarum rerum inaequalitas; omnia enim alia non partes sed accessiones sunt.

(26) Num quis tam iniquam censuram inter suos agit ut sanum filium quam aegrum magis diligat, procerumve et excelsum quam brevem aut modicum? Fetus suos non distinguunt ferae et se in alimentum pariter omnium sternunt; aves ex aequo partiuntur cibos. Ulixes ad Ithacae suae saxa sic properat quemadmodum Agamemnon ad Mycenarum nobiles muros; nemo enim patriam quia magna est amat, sed quia sua.

(27) Quorsus haec pertinent? Ut scias virtutem omnia opera velut fetus suos isdem oculis intueri, aeque indulgere omnibus, et quidem impensius laborantibus, quoniam quidem etiam parentium amor magis in ea quorum miseretur inclinat. Virtus quoque opera sua quae videt affici et premi non magis amat, sed parentium bonorum more magis complectitur ac fovet.

(25) Oder, wenn es so ist, wirst du von zwei gleich vortrefflichen Männern den schönen und gesalbten eher schätzen als den staubigen und struppigen; du wirst dann immer hierhin gelangen, dass du einen am ganzen Körper unversehrten und unverletzten mehr schätzt als einen gelähmten oder schielenden; nach und nach wird deine Anmaßung bis zu dem Punkt kommen, dass du von zwei gleich rechtschaffenen und verständigen den mit vollem Haarwuchs und gekräuseltem Haar vorziehst. Wenn in beiden eine gleich große sittliche Vollkommenheit vorhanden ist, wird die Ungleichheit der anderen Dinge nicht sichtbar; all die anderen [Dinge] nämlich sind nicht Teile, sondern Zusätze.

(26) Ob irgendeiner eine so ungerechte Beurteilung unter den Seinen vornimmt, dass er den gesunden Sohn mehr liebt als den kranken oder den schlanken und emporragenden mehr als den kleinen und mittelmäßigen? Wilde Tiere machen keinen Unterschied zwischen ihren Jungen und bezüglich der Nahrung legen sie sich auf gleiche Weise für alle nieder; gleichmäßig verteilen die Vögel das Futter. Odysseus eilt zu den Felsen seines Ithaka wie Agamemnon zu den berühmten Mauern Mykenes; denn niemand liebt seine Heimat, weil sie bedeutend ist, sondern weil sie die seine ist.

(27) Worauf zielt das eben erwähnte ab? Um zu verstehen, dass die sittliche Vollkommenheit alle Werke wie eigene Kinder mit denselben Augen betrachtet, dass sie allen gleich gewogen ist, und gewiss denen reichlicher, die sich nicht zu helfen wissen, weil sich ja auch die Liebe der Eltern mehr denjenigen zuneigt, mit denen sie Mitleid hat. Auch die sittliche Vollkommenheit liebt ihre Werke, die sie geschwächt und bedrängt [zu werden] sieht, nicht im höheren Grade, aber nach Art guter Eltern hegt und pflegt sie diese mehr.

(28) Quare non est ullum bonum altero maius? Quia non est quicquam apto aptius, quia plano nihil est planius. Non potes dicere hoc magis par esse alicui quam illud; ergo nec honesto honestius quicquam est.

(29) Quod si par omnium virtutum natura est, tria genera bonorum in aequo sunt. Ita dico: in aequo est moderate gaudere et moderate dolere. Laetitia illa non vincit hanc animi firmitatem sub tortore gemitus devorantem: illa bona optabilia, haec mirabilia sunt, utraque nihilominus paria, quia quidquid incommodi est vi tanto maioris boni tegitur.

(30) Quisquis haec imparia iudicat ab ipsis virtutibus avertit oculos et exteriora circumspicit. Bona vera idem pendent, idem patent: illa falsa multum habent vani; itaque speciosa et magna contra visentibus, cum ad pondus revocata sunt, fallunt.

(31) Ita est, mi Lucili: quidquid vera ratio commendat solidum et aeternum est, firmat animum attollitque semper futurum in excelso: illa quae temere laudantur et vulgi sententia bona sunt inflant inanibus laetos; rursus ea quae timentur tamquam mala iniciunt formidinem mentibus et illas non aliter quam animalia specie periculi agitant.

(28) Warum ist irgendein Gut nicht bedeutender als ein anderes? Weil irgendetwas nicht passender ist als das Passende, weil nichts ebener ist als das Ebene. Man kann nicht sagen, dass jemandem das eine gleicher ist als das andere; folglich ist etwas auch sittlich nicht besser als das sittlich Gute.

(29) Wenn nun das Wesen jeder sittlichen Vollkommenheit gleich ist, stehen die drei Arten von Gütern auf gleicher Stufe. Daher behaupte ich: sich maßvoll zu freuen und maßvoll Schmerzen zu empfinden, steht auf einer Stufe. Jene Freude übertrifft nicht diese Standhaftigkeit des Herzens, die unter dem Folterknecht das Wehklagen unterdrückt: die einen Güter sind wünschenswert, die anderen bewundernswert, beide nichtsdestoweniger gleich, weil alles, was von Nachteil ist, durch die Kraft des so viel größeren Gutes verdeckt wird.

(30) Jeder, der diese für ungleich hält, wendet den Blick von den Tugenden selbst ab und betrachtet allzu Äußerliches. Die echten Güter haben dasselbe Gewicht, dieselbe Ausdehnung: jene Falschen enthalten viel an eitlem Wahn; daher enttäuscht Glänzendes und Großes andererseits diejenigen, die es genau betrachten, sooft es auf seinen Wert zurückgesetzt wurde.

(31) Das heißt, mein Lucilius: was auch immer die wahre Vernunft empfiehlt, ist unerschütterlich und unvergänglich, es festigt die Seele und richtet sie auf, damit sie in erhabener Höhe leben wird: jenes, das leichtfertig gelobt wird und nach Ansicht der Masse ein Gut ist, bläst die erfreuten [Menschen] mit Nichtigkeiten auf; umgekehrt ruft das, was als Übel gefürchtet wird, Angst in den Herzen hervor und treibt sie hin und her nicht anders als Tiere beim Anblick einer Gefahr.

(32) Utraque ergo res sine causa animum et diffundit et mordet: nec illa gaudio nec haec metu digna est. Sola ratio immutabilis et iudicii tenax est; non enim servit sed imperat sensibus. Ratio rationi par est, sicut rectum recto; ergo et virtus virtuti; nihil enim aliud est virtus quam recta ratio. Omnes virtutes rationes sunt; rationes sunt, si rectae sunt; si rectae sunt, et pares sunt.

(33) Qualis ratio est, tales et actiones sunt; ergo omnes pares sunt; nam cum similes rationi sint, similes et inter se sunt. Pares autem actiones inter se esse dico qua honestae rectaeque sunt; ceterum magna habebunt discrimina variante materia, quae modo latior est, modo angustior, modo illustris, modo ignobilis, modo ad multos pertinens, modo ad paucos. In omnibus tamen istis id quod optimum est par est: honestae sunt.

(34) Tamquam viri boni omnes pares sunt qua boni sunt, sed habent differentias aetatis: alius senior est, alius iunior; habent corporis: alius formosus, alius deformis est; habent fortunae: ille dives, hic pauper est, ille gratiosus, potens, urbibus notus et populis, hic ignotus plerisque et obscurus. Sed per illud quo boni sunt pares sunt.

(32) Teils erheitert, teils peinigt also beides grundlos den Geist: und weder ist ersteres der Freude würdig noch letzteres der Furcht. Allein die Vernunft ist von unveränderlichem und festem Urteil; sie ist nämlich nicht Sklave, sondern Herrscher über ihre Sinne. Die Vernunft ist der Vernunft gleich, sowie das Richtige dem Richtigen; also auch die sittliche Vollkommenheit der sittlichen Vollkommenheit; denn die sittliche Vollkommenheit ist nichts anderes als die rechte Vernunft. Alle Tugenden beruhen auf vernünftigen Überlegungen; es sind vernünftige Überlegungen, wenn sie richtig sind; wenn sie richtig sind, sind sie auch gleich.

(33) So wie die Vernunft beschaffen ist, so sind es auch die Tätigkeiten; folglich sind sie alle gleichrangig; denn wenn sie der Vernunft gleichartig sind, sind sie auch untereinander gleichartig. Dass aber Tätigkeiten untereinander gleichrangig sind, behaupte ich als gewiss, wenn sie sittlich gut und richtig sind; im Übrigen werden sie große Unterschiede aufweisen aufgrund der wechselnden Aufgabe, die bald von großem Umfang ist, bald beschränkter, bald hervorragender, bald unbedeutender, bald auf vieles, bald auf weniges abzielend. Trotzdem ist dasjenige, was am Gedeihlichsten ist, bei all diesen das Gleiche: sie sind sittlich gut.

(34) Zum Beispiel sind sittlich gute Menschen alle gleichrangig, insofern sie gut sind, haben aber unterschiedliche Lebensalter: der eine ist älter, der andere jünger; haben unterschiedliche Körper: der eine ist ansehnlicher, der andere missgestalteter; haben unterschiedliche Schicksale: der eine ist reich, der andere arm, der eine beliebt, einflussreich, in den Städten und bei den Völkern bekannt, der andere den meisten unbekannt und ruhmlos. Aber sie sind gleichrangig durch das, wodurch sie gut sind.

(35) De bonis ac malis sensus non iudicat; quid utile sit, quid inutile, ignorat. Non potest ferre sententiam nisi in rem praesentem perductus est; nec futuri providus est nec praeteriti memor; quid sit consequens nescit. Ex hoc autem rerum ordo seriesque contexitur et unitas vitae per rectum iturae. Ratio ergo arbitra est bonorum ac malorum; aliena et externa pro vilibus habet, et ea quae neque bona sunt neque mala accessiones minimas ac levissimas iudicat; omne enim illi bonum in animo est.

(36) Ceterum bona quaedam prima existimat, ad quae ex proposito venit, tamquam victoriam, bonos liberos, salutem patriae; quaedam secunda, quae non apparent nisi in rebus adversis, tamquam aequo animo pati morbum, ignem, exsilium; quaedam media, quae nihilo magis secundum naturam sunt quam contra naturam, tamquam prudenter ambulare, composite sedere. Non enim minus secundum naturam est sedere quam stare aut ambulare.

(37) Duo illa bona superiora diversa sunt: prima enim secundum naturam sunt, gaudere liberorum pietate, patriae incolumitate; secunda contra naturam sunt, fortiter obstare tormentis et sitim perpeti morbo urente praecordia.

(35) Die Sinneswahrnehmung urteilt nicht über die guten und schlechten Dinge; was nützlich, was überflüssig ist, weiß sie nicht. Ein Urteil kann sie nur fällen, wenn sie in dringlicher Lage dazu veranlasst ist; weder sieht sie die Zukunft vorher noch denkt sie an die Vergangenheit; was folgerichtig ist, weiß sie nicht. Daraus aber wird die Ordnung und Reihenfolge der Ereignisse zusammengewoben und auch die Einheit eines Lebens, das zum Tugendhaften voranschreiten will. Die Vernunft ist also Richterin über die Güter und über die Übel; Fremdes und Äußerliches betrachtet sie als wertlos, und das, was weder als Gutes noch als Schlechtes gilt, hält sie für sehr kleine und unbedeutende Zusätze. Denn alles Gute liegt für sie im Geiste.

(36) Im Übrigen erachtet sie manche Güter als höherstehend, zu denen sie aufgrund einer Absicht gelangt, wie ein Sieg, vortreffliche Kinder, das Wohl des Vaterlands; manche [Güter] für geringer, die sich nur unter unglücklichen Umständen zeigen, zum Beispiel mit geduldigem Herzen eine Krankheit, eine Feuersbrunst, eine Verbannung zu ertragen; manche [Güter] für neutral, die ebenso wenig in Übereinstimmung mit der Natur wie entgegen der Natur sind, wie mit Umsicht einherzuschreiten, in gehöriger Haltung zu sitzen. Denn zu sitzen ist der Natur entsprechend wie zu stehen oder zu gehen.

(37) Die zwei genannten höherstehenden Güter sind ganz verschieden: die ersten sind gemäß der Natur – sich über die Liebe der Kinder zu erfreuen, über den Erhalt des Vaterlands; die zweiten sind entgegen der Natur – tapfer den Foltern zu widerstehen und standhaft Durst zu ertragen, weil eine Krankheit die Eingeweide plagt.

(38) 'Quid ergo? Aliquid contra naturam bonum est?' Minime; sed id aliquando contra naturam est in quo bonum illud exsistit. Vulnerari enim et subiecto igne tabescere et adversa valetudine affligi contra naturam est, sed inter ista servare animum infatigabilem secundum naturam est.

(39) Et ut quod volo exprimam breviter, materia boni aliquando contra naturam est bonum numquam, quoniam bonum sine ratione nullum est, sequitur autem ratio naturam. 'Quid est ergo ratio?' Naturae imitatio. 'Quod est summum hominis bonum?' Ex naturae voluntate se gerere.

(40) 'Non est', inquit, 'dubium quin felicior pax sit numquam lacessita quam multo reparata sanguine. Non est dubium', inquit, 'quin felicior res sit inconcussa valetudo quam ex gravibus morbis et extrema minitantibus in tutum vi quadam et patientia educta. Eodem modo non erit dubium quin maius bonum sit gaudium quam obnixus animus ad perpetiendos cruciatus vulnerum aut ignium.'

(38) „Wie also? Existiert irgendein Gut entgegen der Natur?" Keineswegs; aber manchmal ist das entgegen der Natur, worin jenes Gut zum Vorschein kommt. Denn verwundet zu werden, [und] durch ein Feuer zu vergehen, das unter einem entfacht wurde, und durch eine widrige Krankheit niedergeworfen zu werden, steht im Widerspruch zur Natur, dabei jedoch eine unermüdliche Zuversicht zu bewahren, entspricht der Natur.

(39) Und, um es kurz auszudrücken, worauf ich Wert lege: der Anlass zum Guten ist zuweilen entgegen der Natur, niemals das Gute [selbst], weil ja ein Gut ohne die Vernunft keines ist, die Vernunft sich jedoch von der Natur leiten lässt. „Was ist demnach die Vernunft?" Eine Nachahmung der Natur. „Was ist das höchste Gut des Menschen?" Sich nach dem Willen der Natur zu verhalten.

(40) „Es besteht kein Zweifel", wird man sagen, „dass ein niemals gestörter Frieden glücklicher ist als ein unter großem Blutvergießen wiederhergestellter [Friede]. Es besteht kein Zweifel", wird man sagen, „dass eine unerschütterliche Gesundheit eine erfreulichere Angelegenheit ist als eine nach schweren und mit dem Ende drohenden Krankheiten, gewissermaßen mit Entschlossenheit und Geduld aus der Gefahr herausgeführte [Gesundheit]. In gleicher Weise wird es keinen Zweifel geben, dass die Freude ein höheres Gut ist als der beharrliche Gleichmut, Qualen von Verletzungen und Feuersbrünsten zu erdulden."

(41) Minime; illa enim quae fortuita sunt plurimum discriminis recipiunt; aestimantur enim utilitate sumentium. Bonorum unum propositum est consentire naturae; hoc contingere in omnibus par est. Cum alicuius in senatu sententiam sequimur, non potest dici: ille magis assentitur quam ille. Ab omnibus in eandem sententiam itur. Idem de virtutibus dico: omnes naturae assentiuntur. Idem de bonis dico: omnia naturae assentiuntur.

(42) Alter adulescens decessit, alter senex, aliquis protinus infans, cui nihil amplius contigit quam prospicere vitam: omnes hi aeque fuere mortales, etiam si mors aliorum longius vitam passa est procedere, aliorum in medio flore praecidit, aliorum interrupit ipsa principia.

(43) Alius inter cenandum solutus est; alterius continuata mors somno est; aliquem concubitus exstinxit. His oppone ferro transfossos aut exanimatos serpentium morsu aut fractos ruina aut per longam nervorum contractionem extortos minutatim. Aliquorum melior dici, aliquorum peior potest exitus: mors quidem omnium par est. Per quae veniunt diversa sunt; in [id] quod desinunt unum est. Mors nulla maior aut minor est; habet enim eundem in omnibus modum, finisse vitam.

(41) Ganz und gar nicht; jene Dinge nämlich, die auf zufälligen Ereignissen beruhen, lassen sehr viele Unterscheidungen zu; denn sie werden nach dem Nutzen für diejenigen beurteilt, die sie an sich nehmen. Eine Absicht der Güter besteht darin, mit der Natur im Einklang zu stehen; dieses zu erreichen, gilt für alle gleich. Wenn wir uns im Rat irgendjemandes Antrag anschließen, kann man nicht sagen: dieser stimmt mehr zu als jener. Alle stimmen demselben Antrag zu. Ich behaupte dasselbe von den Tugenden: alle pflichten der Natur bei. Ich behaupte dasselbe von den Gütern: alle pflichten der Natur bei.

(42) Der eine ist als junger Mensch verstorben, der andere als Greis, manch einer sogleich als kleines Kind, dem nichts weiter zuteil wurde, als das Leben vor sich zu sehen: all diese waren in gleicher Weise sterblich, auch wenn der Tod das Leben der einen voranschreiten ließ, das der anderen inmitten der Blüte abgeschnitten, es bei wieder anderen schon zu Beginn abgebrochen hat.

(43) Der eine ist mitten beim Essen erschlafft, der Tod des nächsten folgte unmittelbar dem Schlaf, manchen hat die körperliche Liebe umgebracht. Diesen stelle die von einem Schwert durchbohrten gegenüber, oder die durch einen Schlangenbiss entseelten oder die von Trümmerstücken zerschmetterten oder die durch eine chronische Verkürzung der Sehnen schrittweise verkrüppelten. Das Ende der einen kann man besser nennen, das der anderen schlechter: der Tod jedoch ist für alle gleich; verschieden sind sie dadurch, wie sie zu ihm gelangen; in was sie übergehen, ist ein und dasselbe. Kein Tod ist größer oder kleiner; er besitzt nämlich für alle dasselbe Maß – dem Leben ein Ende gesetzt zu haben.

(44) Idem tibi de bonis dico: hoc bonum inter meras voluptates, hoc est inter tristia et acerba; illud fortunae indulgentiam rexit, hoc violentiam domuit: utrumque aeque bonum est, quamvis illud plana et molli via ierit, hoc aspera. Idem enim finis omnium est: bona sunt, laudanda sunt, virtutem rationemque comitantur; virtus aequat inter se quidquid agnoscit.

(45) Nec est quare hoc inter nostra placita mireris: apud Epicurum duo bona sunt, ex quibus summum illud beatumque componitur, ut corpus sine dolore sit, animus sine perturbatione. Haec bona non crescunt si plena sunt: quo enim crescet quod plenum est? Dolore corpus caret: quid ad hanc accedere indolentiam potest? Animus constat sibi et placidus est: quid accedere ad hanc tranquillitatem potest?

(46) Quemadmodum serenitas caeli non recipit maiorem adhuc claritatem in sincerissimum nitorem repurgata, sic hominis corpus animumque curantis et bonum suum ex utroque nectentis perfectus est status, et summam voti sui invenit si nec aestus animo est nec dolor corpori. Si qua extra blandimenta contingunt, non augent summum bonum, sed, ut ita dicam, condiunt et oblectant; absolutum enim illud humanae naturae bonum corporis et animi pace contentum est.

(44) Dasselbe sage ich dir über die Güter: das eine Gut findet sich inmitten von reinen Freuden, das andere inmitten von freudlosen und schmerzlichen Dingen; ersteres lenkte die Gunst des Schicksals, letzteres bezwang die Gewalttätigkeit: jedes von beiden ist in gleicher Weise ein Gut, obgleich jenes einen ebenen und angenehmen Weg gegangen sein wird, dieses einen mühsamen. Der Endzweck von allen ist nämlich derselbe: sie sind gut, sie sind lobenswert, sie schließen sich der Sittlichkeit und der Vernunft als Begleiter an; die sittliche Vollkommenheit stellt alles, was sie anerkennt, einander gleich.

(45) Auch Folgendes sollte dich deshalb bei unseren Lehrsätzen nicht erstaunen: bei Epikur gibt es zwei Güter, aus denen jenes Höchste und Glücklichste zusammengesetzt wird: dass der Körper ohne Schmerz ist, der Geist ohne Unruhe. Diese Güter nehmen nicht zu, wenn sie vollkommen sind: denn wohin soll sich steigern, was vollkommen ist? Ein Körper ist frei von Schmerz: was kann zu dieser Schmerzlosigkeit hinzukommen? Ein Geist bleibt sich treu und ist ruhig: was kann zu dieser Ruhe hinzukommen?

(46) Wie die Heiterkeit des Himmels, in reinster Helligkeit wieder aufgeklart, keine noch größere Klarheit annimmt, so ist der Zustand eines Menschen vollkommen, der sich um Körper und Geist sorgt und sein Glück aus beiden verbindet, und die höchste Vollendung seines Verlangens gefunden hat, wenn weder eine Unruhe des Geistes noch ein Schmerz des Körpers vorliegt. Wenn irgendwelche Annehmlichkeiten von außen zuteil werden, steigern sie nicht das höchste Gut, sondern, um mich so auszudrücken, sie würzen und erheitern es; jenes vollkommene Gut der menschlichen Natur ist nämlich mit der Ruhe von Körper und Geist zufrieden.

(47) Dabo apud Epicurum tibi etiam nunc simillimam huic nostrae divisionem bonorum. Alia enim sunt apud illum quae malit contingere sibi, ut corporis quietem ab omni incommodo liberam et animi remissionem bonorum suorum contemplatione gaudentis; alia sunt quae, quamvis nolit accidere, nihilominus laudat et comprobat, tamquam illam quam paulo ante dicebam malae valetudinis et dolorum gravissimorum perpessionem, in qua Epicurus fuit illo summo ac fortunatissimo die suo. Ait enim se vesicae et exulcerati ventris tormenta tolerare ulteriorem doloris accessionem non recipientia, esse nihilominus sibi illum beatum diem. Beatum autem diem agere nisi qui est in summo bono non potest.

(48) Ergo et apud Epicurum sunt haec bona, quae malles non experiri, sed, quia ita res tulit, et amplexanda et laudanda et exaequanda summis sunt. Non potest dici hoc non esse par maximis bonum quod beatae vitae clausulam imposuit, cui Epicurus extrema voce gratias egit.

(49) Permitte mihi, Lucili virorum optime, aliquid audacius dicere: si ulla bona maiora esse aliis possent, haec ego quae tristia videntur mollibus illis et delicatis praetulissem, haec maiora dixissem. Maius est enim difficilia perfringere quam laeta moderari.

(47) Ich werde dir nun auch noch, ähnlich der Unsrigen, die Gliederung der Güter bei Epikur mitteilen. Es gibt bei ihm nämlich die einen, die er sich lieber zuteilwerden lassen will, wie eine von jeder Beeinträchtigung befreiten Ruhe des Körpers und eine Gelassenheit des Geistes, der sich an der [geistigen] Betrachtung seiner Güter erfreut; es gibt die anderen, die er, obgleich er nicht will, dass sie eintreten, nichtsdestoweniger lobt und gutheißt, wie jenes Erdulden einer schlimmen Krankheit und der größten Schmerzen, das ich kurz vorher ansprach, in welchem Epikur an jenem letzten und seinem glücklichsten Tag lebte. Denn er sagt, dass er die Foltern der Blase und der zum Eitern gebrachten Wunde erduldet, die keinen weiteren Zuwachs an Schmerz zulassen, [und] dass jener Tag trotzdem der glücklichste für ihn ist. Einen glücklichen Tag kann nur derjenige verbringen, der in höchster Tugend lebt.

(48) Folglich sind diese auch bei Epikur Güter, die man lieber nicht durchmachen wollte, die aber, weil es ja die Lage erfordert hat, sowohl anerkannt und gelobt als auch dem Höchsten gleichgestellt werden müssen. Man kann nicht sagen, dieses Gut, das einem glücklichen Leben ein Ende gesetzt hat [und] dem Epikur mit letztem Worte gedankt hat, sei den Höchsten nicht gleich.

(49) Gestatte mir, Lucilius, tüchtigster unter den Männern, etwas recht kühn zu behaupten: wenn irgendwelche Güter größer als andere sein könnten, hätte ich diese, die schmerzlicher erscheinen, jenen freundlichen und angenehmen vorgezogen, hätte diese größer genannt. Es ist nämlich bedeutender, sich über Beschwerliches hinwegzusetzen, als Angenehmes zu beschränken.

(50) Eadem ratione fit, scio, ut aliquis felicitatem bene et ut calamitatem fortiter ferat. Aeque esse fortis potest qui pro vallo securus excubuit nullis hostibus castra temptantibus et qui succisis poplitibus in genua se excepit nec arma dimisit: 'Macte virtute esto' sanguinulentis et ex acie redeuntibus dicitur. Itaque haec magis laudaverim bona exercitata et fortia et cum fortuna rixata.

(51) Ego dubitem quin magis laudem truncam illam et retorridam manum Mucii quam cuiuslibet fortissimi salvam? Stetit hostium flammarumque contemptor et manum suam in hostili foculo destillantem perspectavit, donec Porsina cuius poenae favebat gloriae invidit et ignem invito eripi iussit.

(52) Hoc bonum quidni inter prima numerem tantoque maius putem quam illa secura et intemptata fortunae quanto rarius est hostem amissa manu vicisse quam armata? 'Quid ergo?', inquis, 'hoc bonum tibi optabis?' Quidni? Hoc enim nisi qui potest et optare, non potest facere.

(50) Durch dieselbe Vernunft wird bewirkt – das ist mir bewusst geworden – dass einer tugendhaft das Glück und [dass er] tapfer das Unglück hinnimmt. Es kann auf gleicher Weise tapfer sein, wer frei von Sorgen vor dem Wall Wache hielt, weil keine Feinde angriffen haben, und wer, obwohl die Kniekehlen von unten durchschnitten wurden, auf den Knien standhielt und auch die Waffen nicht fallen ließ: „Gepriesen soll deine Tapferkeit sein" sagt man denen, die blutbefleckt aus der Schlacht zurückkehren. Deshalb möchte ich diese Güter in höherem Grade loben, die hart geprüft und tapfer mit dem Schicksal gehadert haben.

(51) Sollte ich Bedenken tragen, jene verstümmelte und verdorrte Hand des Mucius mehr zu loben als die unverletzte eines erstbesten Gesunden? Unerschütterlich verharrte der Verächter der Feinde und der Flammen und, obgleich sich seine Hand über dem Kohlenbecken des Feindes auflöste, hat er genau hingesehen, solange bis Porsenna ihm, dessen Bestrafung er verlangt hat, den Ruhm missgönnte und befahl, das Feuer gegen seinen Willen zu entfernen.

(52) Warum sollte ich dieses Gut nicht unter die vorzüglichsten zählen und nicht für desto bedeutender halten als jene heiteren und vom Schicksal unberührten, je seltener es ist, den Feind mit einer verlorenen als mit der bewaffneten Hand besiegt zu haben. „Was nun also?", fragst du, „wirst du dir dieses Gut wünschen?" Warum nicht? Denn nur, wer es auch wünschen kann, ist in der Lage, dieses zu erleiden.

(53) An potius optem ut malaxandos articulos exoletis meis porrigam? Ut muliercula aut aliquis in mulierculam ex viro versus digitulos meos ducat? Quidni ego feliciorem putem Mucium, quod sic tractavit ignem quasi illam manum tractatori praestitisset? In integrum restituit quidquid erraverat: confecit bellum inermis ac mancus et illa manu trunca reges duos vicit. Vale.

(53) Oder soll ich eher wünschen, dass ich den Lustknaben meine Finger zum Massieren hinhalte? Dass eine Dirne oder irgendein aus einem Mann verwandeltes Weiblein meine Fingerchen dehnt? Warum soll ich Mucius nicht für glücklicher halten, weil er das Feuer auf eine Weise behandelt hat, als ob er jene Hand einem Masseur dargeboten hätte? Er machte alles ungeschehen, worin er aus Irrtum gefehlt hatte: unbewaffnet und verkrüppelt beendete er den Krieg und mit jener verstümmelten Hand hat er zwei Könige bezwungen. Lebe wohl.

———

Liber VII – Epistula LXVII

Seneca Lucilio suo Salutem,

(1) Ut a communibus initium faciam, ver aperire se coepit, sed iam inclinatum in aestatem, quo tempore calere debebat, intepuit nec adhuc illi fides est; saepe enim in hiemem revolvitur. Vis scire quam dubium adhuc sit? Nondum me committo frigidae verae, adhuc rigorem eius infringo. 'Hoc est', inquis, 'nec calidum nec frigidum pati.' Ita est, mi Lucili: iam aetas mea contenta est suo frigore; vix media regelatur aestate. Itaque maior pars in vestimentis degitur.

(2) Ago gratias senectuti quod me lectulo affixit: quidni gratias illi hoc nomine agam? Quidquid debebam nolle, non possum. Cum libellis mihi plurimus sermo est. Si quando intervenerunt epistulae tuae, tecum esse mihi videor et sic afficior animo tamquam tibi non rescribam sed respondeam. Itaque et de hoc quod quaeris, quasi colloquar tecum, quale sit una scrutabimur.

(3) Quaeris an omne bonum optabile sit. 'Si bonum est', inquis, 'fortiter torqueri et magno animo uri et patienter aegrotare, sequitur ut ista optabilia sint; nihil autem video ex istis voto dignum. Neminem certe adhuc scio eo nomine votum solvisse quod flagellis caesus esset aut podagra distortus aut eculeo longior factus.'

Buch 7 – Brief 67

Seneca grüßt seinen Lucilius,

(1) Um mit dem allgemein Üblichen den Anfang zu machen: der Frühling hat begonnen, sich seinen Weg zu bahnen, doch nun zum Sommer hingewendet, wo es vom Zeitpunkt her heiß sein müsste, wurde es mild und bisher verdient er kein Vertrauen; oft nämlich schlägt es wieder in winterliche Kälte um. Willst du wissen, wie unentschieden er noch ist? Ich vertraue mich noch nicht dem richtig kalten Wasser an, bis heute schwäche ich dessen Kälte ab. „Das heißt", sagst du, „weder Heißes noch Kaltes hinzunehmen." So ist es, mein Lucilius: meine Generation ist bereits von eigener Kälte umgeben; mit Mühe wird sie vom Hochsommer erwärmt. Daher wird ein Großteil [der Zeit] in Kleidung verbracht.

(2) Ich danke dem Alter, weil es mich ans Bett gefesselt hat: warum soll ich ihm nicht dafür danken? Was auch immer ich nicht wollen durfte, ist mir [nun] nicht [mehr] möglich. Kleine Schriftstücke liefern mir sehr viel Gesprächsstoff. Wenn je einmal deine Briefe dazugekommen sind, bilde ich mir ein, dass ich mit dir zusammen bin, und mein Geist wird auf eine Weise in eine Stimmung versetzt, als ob ich dir nicht zurückschreiben, sondern [im Gespräch] antworten würde. Daher werden wir auch in Hinsicht auf das, was du zu erfahren suchst, gemeinsam nachforschen, wie es beschaffen ist, gerade als ob ich mit dir eine Unterhaltung führen würde.

(3) Du fragst, ob jedes Gut wünschenswert ist. „Wenn es gut ist", sagst du, „sich tapfer quälen zu lassen, [und] mit großem Mut verbrannt zu werden und geduldig krank zu sein, folgt daraus, dass diese Dinge wünschenswert sind; ich sehe jedoch unter diesen nichts Verlangenswertes. Außerdem weiß ich mit Gewissheit, dass niemand [den Göttern] ein Gelübde deswegen erfüllt hätte, weil er mit Peitschen geschlagen, [oder] von der Fußgicht gequält oder langandauernder gefoltert worden ist."

(4) Distingue, mi Lucili, ista, et intelleges esse in iis aliquid optandum. Tormenta abesse a me velim; sed si sustinenda fuerint, ut me in illis fortiter, honeste, animose geram optabo. Quidni ego malim non incidere bellum? Sed si inciderit, ut vulnera, ut famem et omnia quae bellorum necessitas affert generose feram optabo. Non sum tam demens ut aegrotare cupiam; sed si aegrotandum fuerit, ut nihil intemperanter, nihil effeminate faciam optabo. Ita non incommoda optabilia sunt, sed virtus qua perferuntur incommoda.

(5) Quidam ex nostris existimant omnium istorum fortem tolerantiam non esse optabilem, sed ne abominandam quidem, quia voto purum bonum peti debet et tranquillum et extra molestiam positum. Ego dissentio. Quare? Primum quia fieri non potest ut aliqua res bona quidem sit sed optabilis non sit; deinde si virtus optabilis est, nullum autem sine virtute bonum, et omne bonum optabile est; deinde etiam si [tormenta non optabilia sunt,] tormentorum fortis patientia optabilis est.

(4) Dies unterscheide, mein Lucilius, und verstehe, dass auch in diesen etwas Wünschenswertes liegt. Wohl möchte ich, dass Folterqualen mir fernbleiben; wenn sie aber ausgehalten werden müssen, wünsche ich mir, dass ich mich dabei tapfer, würdig [und] mutig betrage. Warum sollte ich nicht lieber wollen, dass kein Krieg ausbricht? Aber wenn er ausbricht, wünsche ich mir, dass ich Verletzungen, dass ich Hunger und alles, was eine kriegsbedingte Zwangslage mit sich bringt, edelmütig ertrage. Ich bin nicht so töricht, dass ich das Verlangen hege, krank zu sein; aber wenn ich [schon] krank sein muss, wünsche ich mir, dass ich niemals unmäßig, dass ich niemals unmännlich leide. Deshalb sind nicht die Widrigkeiten wünschenswert, sondern die sittliche Vollkommenheit, mit der die Widrigkeiten ertragen werden.

(5) Manche von den Unsrigen glauben, dass das tapfere Ertragen all dieser Dinge nicht wünschenswert ist, aber auch nicht verabscheuenswert, weil mit einem Wunsch ein reines Gut angestrebt werden soll, das sowohl in der Ruhe als auch außerhalb des Missbehagens gelegen ist. Ich bin anderer Meinung. Warum? Zunächst, weil es unmöglich ist, dass irgendeine Sache zwar sittlich gut [ist], aber nicht wünschenswert ist; wenn fernerhin die sittliche Vollkommenheit wünschenswert, nichts jedoch ohne die sittliche Vollkommenheit gut ist, ist auch jedes Gut wünschenswert; hierauf [folgt]: selbst wenn [Folterqualen nicht wünschenswert sind], ist das tapfere Ertragen der Folterqualen wünschenswert.

(6) Etiam nunc interrogo: nempe fortitudo optabilis est? Atqui pericula contemnit et provocat; pulcherrima pars eius maximeque mirabilis illa est, non cedere ignibus, obviam ire vulneribus, interdum tela ne vitare quidem sed pectore excipere. Si fortitudo optabilis est, et tormenta patienter ferre optabile est; hoc enim fortitudinis pars est. Sed separa ista, ut dixi: nihil erit quod tibi faciat errorem. Non enim pati tormenta optabile est, sed pati fortiter: illud opto 'fortiter', quod est virtus.

(7) 'Quis tamen umquam hoc sibi optavit?' Quaedam vota aperta et professa sunt, cum particulatim fiunt; quaedam latent, cum uno voto multa comprensa sunt. Tamquam opto mihi vitam honestam; vita autem honesta actionibus variis constat: in hac est Reguli arca, Catonis scissum manu sua vulnus, Rutili exsilium, calix venenatus qui Socraten transtulit e carcere in caelum. Ita cum optavi mihi vitam honestam, et haec optavi sine quibus interdum honesta non potest esse.

(8) *'O terque quaterque beati,*
quis ante ora patrum Troiae sub moenibus altis
contigit oppetere!'

Quid interest, optes hoc alicui an optabile fuisse fatearis?

(6) Wieder frage ich nun: ist die Tapferkeit wirklich wünschenswert? Sie verachtet freilich die Gefahr und fordert sie heraus; ihre vortrefflichste und überaus bewundernswerte Seite liegt darin, den Feuersbrünsten nicht zu weichen, den Verwundungen entgegen zu marschieren, zuweilen selbst Geschossen nicht auszuweichen, sondern sie mit der Brust abzufangen. Wenn Tapferkeit wünschenswert ist, ist es auch wünschenswert, Folterqualen geduldig zu ertragen; dieses ist nämlich ein Teil der Tapferkeit. Aber halte dieses auseinander, wie ich es gesagt habe: es wird [dann] nichts geben, was dich irre machen kann. Es ist nämlich nicht wünschenswert, die Folter zu ertragen, sondern sie tapfer zu ertragen: dieses „tapfer" wünsche ich mir, weil es auf der sittlichen Vollkommenheit beruht.

(7) „Doch wer hat sich dieses jemals gewünscht?" Einige Wünsche sind klar und offenkundig – wenn sie schrittweise erwählt werden –, einige sind verborgen – wenn vieles in einem einzigen Wunsch zusammengefasst ist. Zum Beispiel wünsche ich mir ein sittlich vollkommenes Leben; ein sittlich vollkommenes Leben jedoch besteht aus mannigfachen Handlungen: zu diesen gehört der Nagelkasten des Regulus, die von eigener Hand wieder aufgerissene Wunde des Cato, die Verbannung des Rutilius, der vergiftete Kelch, der Sokrates aus dem Kerker in den Himmel hinübertrug. Auf diese Weise habe ich mir, sooft ich mir ein sittlich vollkommenes Leben gewünscht habe, auch die erwähnten Dinge gewünscht, ohne welche es mitunter nicht sittlich gut sein kann.

(8) *„Oh, dreifach, vierfach Glückselige,*
denen es vor den Augen der Ahnen unterhalb der hohen Mauern Trojas
zuteil wurde zu sterben!"

Welchen Unterschied macht es, ob du dieses jemandem wünschst oder ob du bekennst, dass es wünschenswert gewesen ist?

(9) Decius se pro re publica devovit et in medios hostes concitato equo mortem petens irruit. Alter post hunc, paternae virtutis aemulus, conceptis sollemnibus ac iam familiaribus verbis in aciem confertissimam incucurrit, de hoc sollicitus tantum, ut litaret, optabilem rem putans bonam mortem. Dubitas ergo an optimum sit memorabilem mori et in aliquo opere virtutis?

(10) Cum aliquis tormenta fortiter patitur, omnibus virtutibus utitur. Fortasse una in promptu sit et maxime appareat, patientia; ceterum illic est fortitudo, cuius patientia et perpessio et tolerantia rami sunt; illic est prudentia, sine qua nullum initur consilium, quae suadet quod effugere non possis quam fortissime ferre; illic est constantia, quae deici loco non potest et propositum nulla vi extorquente dimittit; illic est individuus ille comitatus virtutum. Quidquid honeste fit una virtus facit, sed ex consilii sententia; quod autem ab omnibus virtutibus comprobatur, etiam si ab una fieri videtur, optabile est.

(11) Quid? Tu existimas ea tantum optabilia esse quae per voluptatem et otium veniunt, quae excipiuntur foribus ornatis? Sunt quaedam tristis vultus bona; sunt quaedam vota quae non gratulantium coetu, sed adorantium venerantiumque celebrantur.

(9) Decius hat sich für den Staat als Sühneopfer bestimmt: er trieb sein Pferd zum raschen Lauf an und stürzte sich, dem Tode entgegeneilend, mitten unter die Feinde. Nachdem er feierlich den gewohnten und schon zur Familie gehörigen Eid gesprochen hatte, ist sein Nachfolger, dem väterlichen Heldenmut nacheifernd, in die dicht gedrängte [feindliche] Schlachtreihe hineingestürmt, darüber in Sorge nur, dass er sich unter günstigen Vorzeichen opferte, weil er einen sittlich guten Tod als wünschenswerte Sache ansah. Hast du also [noch] Zweifel, ob es das Beste ist, denkwürdig und zwar bei einer Tat von sittlicher Vollkommenheit zu sterben?

(10) Wenn irgendeiner tapfer Folterqualen erleidet, beweist er sämtliche Tugenden. Es mag vielleicht eine einzelne [nur] offenbar sein und am ehesten Anerkennung finden: die Leidensfähigkeit; im Übrigen findet sich dort die Tapferkeit, von der die Geduld, [und] die Ausdauer und das Durchhaltevermögen Zweige sind; es gibt dort Klugheit, ohne die kein Beschluss gefasst wird, die den Rat gibt, was man nicht vermeiden kann, möglichst tapfer zu ertragen; dort befindet sich die Standhaftigkeit, die nicht von ihrem Platz verdrängt werden kann und die ihren Vorsatz keines erpressenden Zwanges wegen aufgibt; es existiert dort jenes unteilbare Gefolge der sittlichen Vollkommenheit. Alles, was sittlich gut hervorgebracht wird, das bringt eine einzige sittliche Vollkommenheit hervor, aber infolge des Beschlusses einer gemeinsamen Überlegung; was jedoch von allen Tugenden als richtig anerkannt wird, ist wünschenswert, selbst wenn es scheinbar von einer einzigen hervorgebracht wird.

(11) Wie bitte? Du denkst, dass nur die Dinge wünschenswert sind, die aus dem Vergnügen und der Muße hervorwachsen, die an geschmückten Toren empfangen werden? Manche Güter sind von freudlosem Aussehen; manche Wünsche gibt es, die nicht im Kreis derjenigen verbreitet werden, die Glück wünschen, sondern derjenigen, die bewundern und verehren.

(12) Ita tu non putas Regulum optasse ut ad Poenos perveniret? Indue magni viri animum et ab opinionibus vulgi secede paulisper; cape, quantam debes, virtutis pulcherrimae ac magnificentissimae speciem, quae nobis non ture nec sertis, sed sudore et sanguine colenda est.

(13) Aspice M.Catonem sacro illi pectori purissimas manus admoventem et vulnera parum alte demissa laxantem. Utrum tandem illi dicturus es 'vellem quae velles' et 'moleste fero' an 'feliciter quod agis'?

(14) Hoc loco mihi Demetrius noster occurrit, qui vitam securam et sine ullis fortunae incursionibus mare mortuum vocat. Nihil habere ad quod exciteris, ad quod te concites, cuius denuntiatione et incursu firmitatem animi tui temptes, sed in otio inconcusso iacere non est tranquillitas: malacia est.

(15) Attalus Stoicus dicere solebat: 'Malo me fortuna in castris suis quam in deliciis habeat. Torqueor, sed fortiter: bene est. Occidor, sed fortiter: bene est.' Audi Epicurum, dicet et 'dulce est'. Ego tam honestae rei ac severae numquam molle nomen imponam.

(12) Meinst du also nicht, dass Regulus gewünscht hat, zu den Karthagern zu gelangen? Lass dich auf die Überlegung eines großen Mannes ein und trenne dich für eine Weile von den Mutmaßungen der breiten Masse; soweit du dazu bestimmt bist, erfasse die außerordentlich schöne und prächtige Idee der sittlichen Vollkommenheit, die wir nicht mit Weihrauch und Kränzen, sondern mit Schweiß und Blut hochhalten müssen.

(13) Erblicke M.Cato, wie er die reinsten Hände an seine ehrwürdige Brust führt und die Wunden erweitert, weil sie nicht tief genug [geschlagen] sind. Willst du ihm denn etwa sagen: „Ich hätte gewünscht, was du wünschtest!" und: „Das bedaure ich!" oder: „Glückauf bei dem, was du tust!"?

(14) An dieser Stelle tritt mir unser Demetrius vor Augen, der ein unbekümmertes Leben, und daher ohne irgendwelche Überfälle des Schicksals, ein totes Meer nannte. Nichts zu haben, wozu man ermuntert werden, wozu du dich anspornen, durch dessen Androhung und Ansturm du die Standhaftigkeit des Geistes auf die Probe stellen kannst, sondern im unerschütterlichen Müßiggang darniederzuliegen, ist keine Ruhe: es ist eine Totenflaute.

(15) Der Stoiker Attalus pflegte zu sagen: „Lieber soll mich das Schicksal in seinem Kriegslager halten als in üppigen Genüssen. Ich erleide Qualen, aber tapfer: es steht gut. Ich werde zugrunde gehen, aber tapfer: es steht gut." Erhöre Epikur, er wird sogar sagen: „Es ist etwas Süßes." Ich [selbst] werde einer so ehrenwerten und ernsten Angelegenheit niemals einen freundlichen Namen auferlegen.

(16) Uror, sed invictus: quidni hoc optabile sit? – Non quod urit me ignis, sed quod non vincit. Nihil est virtute praestantius, nihil pulchrius; et bonum est et optabile quidquid ex huius geritur imperio. Vale.

(16) Ich werde verbrannt, aber unbesiegt: warum soll das nicht wünschenswert sein? – Nicht, dass ein Feuer mich verzehrt, sondern dass es nicht die Oberhand erlangt. Nichts ist vortrefflicher, nichts ist schöner als die sittliche Vollkommenheit; und gut und wünschenswert ist alles, was davon in ihrem Auftrag geschieht. Lebe wohl.

Liber VII – Epistula LXVIII

Seneca Lucilio suo Salutem,

(1) Consilio tuo accedo: absconde te in otio, sed et ipsum otium absconde. Hoc te facturum Stoicorum etiam si non praecepto, at exemplo licet scias; sed ex praecepto quoque facies: et tibi et cui voles approbaris.

(2) Nec ad omnem rem publicam mittimus nec semper nec sine ullo fine; praeterea, cum sapienti rem publicam ipso dignam dedimus, id est mundum, non est extra rem publicam etiam si recesserit, immo fortasse relicto uno angulo in maiora atque ampliora transit et caelo impositus intellegit, cum sellam aut tribunal ascenderet, quam humili loco sederit. Depone hoc apud te, numquam plus agere sapientem quam cum in conspectum eius divina atque humana venerunt.

(3) Nunc ad illud revertor quod suadere tibi coeperam, ut otium tuum ignotum sit. Non est quod inscribas tibi philosophiam ac quietem: aliud proposito tuo nomen impone, valetudinem et imbecillitatem vocato et desidiam. Gloriari otio iners ambitio est.

Seneca grüßt seinen Lucilius,

(1) Ich stimme deinem Entschluss zu: verbirg dich in deiner freien Zeit, aber verbirg auch die freie Zeit selbst. Dass du dieses nach Art der Stoiker tun wirst, wenn auch nicht nach Vorschrift, so doch nach Inhalt, magst du immerhin wissen; aber du wirst ebenfalls infolge ihrer Lehre handeln: das wirst du sowohl dir, als auch wem du [sonst] willst, beweisen.

(2) Wir geleiten den Staat weder bei allem, noch jederzeit, noch uneingeschränkt; überdies, sooft wir dem Weisen einen für ihn würdigen Staat übergeben, das heißt die Welt, befindet er sich nicht außerhalb des Staates, selbst wenn er sich zurückgezogen hat; es kann im Gegenteil sein, dass er, in irgendeinem [entlegenen] Winkel zurückgelassen, zu Größerem und Bedeutenderem übergeht und, auf den Gipfel versetzt, erkennt, auf wie bescheidenem Platz er weilte, als er den Amtsstuhl oder das Rednerpult bestiegen hat. Dieses bewahre in dir, dass der Weise niemals mehr in Bewegung setzt, als wenn ihm Göttliches und Menschliches sichtbar geworden ist.

(3) Ich komme nun zu jenem zurück, was ich dir anfangs geraten habe, damit deine Muße von der Berufstätigkeit nicht bekannt wird. Es besteht kein Grund, dir „Philosophie" und „Erholung" auf ein Brusttäfelchen zu schreiben: gib deiner Absicht einen anderen Namen, du sollst es Unwohlsein und Schwächlichkeit nennen und auch Faulenzen. Sich der freien Zeit zu rühmen, gilt als ein einfältiges Streben nach Gunst.

(4) Animalia quaedam, ne inveniri possint, vestigia sua circa ipsum cubile confundunt: idem tibi faciendum est, alioqui non deerunt qui persequantur. Multi aperta transeunt, condita et abstrusa rimantur; furem signata sollicitant. Vile videtur quidquid patet; aperta effractarius praeterit. Hos mores habet populus, hos imperitissimus quisque: in secreta irrumpere cupit.

(5) Optimum itaque est non iactare otium suum; iactandi autem genus est nimis latere et a conspectu hominum secedere. Ille Tarentum se abdidit, ille Neapoli inclusus est, ille multis annis non transit domus suae limen: convocat turbam quisquis otio suo aliquam fabulam imposuit.

(6) Cum secesseris, non est hoc agendum, ut de te homines loquantur, sed ut ipse tecum loquaris. Quid autem loqueris? Quod homines de aliis libentissime faciunt, de te apud te male existima: assuesces et dicere verum et audire. Id autem maxime tracta quod in te esse infirmissimum senties.

(7) Nota habet sui quisque corporis vitia. Itaque alius vomitu levat stomachum, alius frequenti cibo fulcit, alius interposito ieiunio corpus exhaurit et purgat; ii quorum pedes dolor repetit aut vino aut balineo abstinent: in cetera neglegentes huic a quo saepe infestantur occurrunt. Sic in animo nostro sunt quaedam quasi causariae partes quibus adhibenda curatio est.

(4) Um nicht gefunden werden zu können, verwischen manche Tiere gerade um das Lager herum ihre Spuren: dasselbe musst du tun, andernfalls wird es nicht an denjenigen mangeln, die dir nachsetzen. Das Offenkundige übergehen viele, das Verborgene und Versteckte durchforschen sie; das mit einem Siegel versehen ist, fordert den Dieb heraus. Was auch immer offen vor Augen liegt, erscheint gering: an nicht verschlossenen Dingen geht der Einbrecher vorbei. Diese Denkart hat das Volk, diese [hat] gerade der Unerfahrene: in geheime Künste wünscht er einzudringen.

(5) Am besten ist es daher, seine freie Zeit nicht allgemein bekannt zu machen; eine Art der Bekanntmachung besteht jedoch darin, allzu sehr verborgen zu sein und sich aus dem Blickfeld der Menschen zu entfernen. Einer hat sich nach Tarent zurückgezogen, ein anderer ist von Neapel umschlossen, der nächste hat seit vielen Jahren nicht die Begrenzung seines Hauses überschritten: jeder, der durch seine freie Zeit irgendein Gerede verursacht, ruft die Menge herbei.

(6) Wenn du dich zurückgezogen hast, darfst du nicht darauf abzielen, dass die Leute über dich sprechen, sondern dass du selbst mit dir sprichst. Über was aber wirst du reden? Darüber, was die Menschen am liebsten bei anderen tun: denke schlecht von dir selbst: du wirst dich daran gewöhnen, das Wahre sowohl zu benennen als auch zu vernehmen. Das aber überdenke ganz besonders, was du als das Geringste an dir [zu sein] empfindest.

(7) Jeder kennt die Gebrechen des eigenen Körpers. Deshalb erleichtert der eine seinen Magen durch Erbrechen, ein anderer stärkt ihn mit zahlreichen Speisen, wieder ein anderer leert und reinigt den Körper durch ein zwischenzeitlich eingelegtes Fasten; diejenigen, deren Füße wiederholt der Schmerz befällt, verzichten wenn nicht auf den Wein so doch wenigstens aufs Baden: in allem sonst sorglos, treten sie dem entgegen, wovon sie oft geplagt werden. So gibt es auch in unserem Geiste gleichsam kränkliche Teile, denen Pflege entgegengebracht werden muss.

(8) Quid in otio facio? Ulcus meum curo. Si ostenderem tibi pedem turgidum, lividam manum, aut contracti cruris aridos nervos, permitteres mihi uno loco iacere et fovere morbum meum: maius malum est hoc, quod non possum tibi ostendere: in pectore ipso collectio et vomica est. Nolo nolo laudes, nolo dicas: 'O magnum virum! Contempsit omnia et damnatis humanae vitae furoribus fugit'. Nihil damnavi nisi me.

(9) Non est quod proficiendi causa venire ad me velis. Erras, qui hinc aliquid auxili speras: non medicus sed aeger hic habitat. Malo illa, cum discesseris, dicas: 'Ego istum beatum hominem putabam et eruditum, erexeram aures: destitutus sum, nihil vidi, nihil audivi quod concupiscerem, ad quod reverterer.' Si hoc sentis, si hoc loqueris, aliquid profectum est: malo ignoscas otio meo quam invideas.

(10) 'Otium', inquis, 'Seneca, commendas mihi? Ad Epicureas voces delaberis?' Otium tibi commendo, in quo maiora agas et pulchriora quam quae reliquisti: pulsare superbas potentiorum fores, digerere in litteram senes orbos, plurimum in foro posse invidiosa potentia ac brevis est et, si verum aestimes, sordida.

(8) Was ich in der freien Zeit mache? Ich behandle meine entzündete Haut. Wenn ich dir einen geschwollenen Fuß entgegenstrecken würde, eine blau angelaufene Hand oder die brennenden Muskeln des steifen Beins, würdest du mir gestatten, mich an einen Ort niederzulegen und meine Krankheit zu heilen: größer ist folgendes Übel, das ich dir nicht zeigen kann: in der Brust selbst befinden sich eine Ansammlung verdorbener Säfte und ein Geschwür. Ich will bestimmt nicht, dass man mich lobt, will nicht, dass man sagt: „Oh, ein bedeutender Mann!" Er nimmt alles gleichgültig hin und entflieht, nachdem er die verdammenswerten Leidenschaften der menschlichen Lebensweise verurteilt hat." Ich habe nur mich [selbst] verurteilt.

(9) Es gibt keinen Grund, dass du, um Fortschritte zu machen, zu mir kommen willst. Du irrst, der du von hier aus irgendetwas an Hilfe erhoffst: nicht der Arzt, sondern der Kranke wohnt hier. Lieber wäre mir, du würdest, immer wenn du fortgehst, Folgendes sagen: „Ich habe diesen Menschen für glücklich und kenntnisreich gehalten, hatte die Ohren gespitzt: ich bin im Stich gelassen worden, habe nichts gesehen, nichts gehört, wonach ich ein Verlangen trug, auf das ich zurückkommen würde." Wenn du dies empfindest, wenn du dies im Munde führst, ist etwas Bedeutendes erreicht worden: lieber will ich, dass du mir meinen Müßiggang verzeihst, als dass du ihn beneidest.

(10) „Frei von öffentlicher Tätigkeit", sagt du. „Seneca empfiehlt mir das? Wirst du zu den Sprüchen Epikurs herabsinken?" Ich empfehle dir eine Ruhezeit, in der du bedeutendere und vortrefflichere Dinge tun kannst, als diejenigen, die du zurückgelassen hast: an den prächtigen Türen der Mächtigen zu klopfen, kinderlose Greise in alphabetischer Reihenfolge aufzuzeichnen, [oder] viel Einfluss auf dem Forum zu haben, ist eine verhasste und dazu flüchtige Macht und, wenn man die Wahrheit schätzt, eine armselige.

(11) Ille me gratia forensi longe antecedet, ille stipendiis militaribus et quaesita per hoc dignitate, ille clientium turba. Cui in turba par esse non possum, plus habent gratiae: est tanti ab omnibus vinci, dum a me fortuna vincatur.

(12) Utinam quidem hoc propositum sequi olim fuisset animus tibi! Utinam de vita beata non in conspectu mortis ageremus! Sed nunc quoque non moramur; multa enim quae supervacua esse et inimica credituri fuimus rationi, nunc experientiae credimus.

(13) Quod facere solent qui serius exierunt et volunt tempus celeritate reparare, calcar addamus. Haec aetas optime facit ad haec studia: iam despumavit, iam vitia primo fervore adulescentiae indomita lassavit; non multum superest ut exstinguat.

(14) 'Et quando', inquis, 'tibi proderit istud quod in exitu discis, aut in quam rem?' In hanc, ut exeam melior. Non est tamen quod existimes ullam aetatem aptiorem esse ad bonam mentem quam quae se multis experimentis, longa ac frequenti rerum paenitentia domuit, quae ad salutaria mitigatis affectibus venit. Hoc est huius boni tempus: quisquis senex ad sapientiam pervenit, annis pervenit. Vale.

(11) Jener da wird mich an Einfluss auf dem Forum weit übertreffen, ein anderer an militärischen Dienstjahren und an der dadurch erworbenen Würde, der nächste durch die Schar seiner Klienten. Damit kann ich mich beim Volk nicht messen, sie besitzen ein höheres Ansehen: wenig macht es aus, von allen übertroffen zu werden, wenn nur von mir [selbst] das Schicksal überwunden wird.

(12) Wenn du doch wenigstens vor Zeiten den Mut gehabt hättest, dich von dieser Absicht leiten zu lassen! Wenn wir doch in Hinsicht auf ein glückliches Leben nicht [erst] im Anblick des Todes handeln würden! Nun jedoch säumen wir nicht; vieles nämlich, von dem wir der Vernunft hätten glauben sollen, dass es überflüssig und verderblich ist, glauben wir nun aus Erfahrung.

(13) Was diejenigen zu tun pflegen, die zu spät ausrücken und Zeit gegen Schnelligkeit eintauschen wollen, sollten wir als Anregung nehmen. Unser jetziges Alter ist für diese Bemühungen am besten geeignet: es hat bereits aufgekocht, hat die Lasterhaftigkeit nach der ersten Glut der Jugend ermüdet; wenig reicht aus, um sie erlöschen zu lassen.

(14) „Und wann", fragst du, „wird dir ein solches nützen, das du [erst] am Ende erforschst? Oder in welcher Hinsicht?" In dieser hier: dass ich als besserer Mensch emporsteigen werde. Trotzdem gibt es keinen Anlass zu glauben, dass es für eine vortreffliche Denkweise irgendein passenderes Alter gibt als dasjenige, welches sich durch viele Erfahrungen, [und] durch lange und häufige Reue über seine Taten gebändigt hat, welches durch die gemilderten Leidenschaften zu den heilsamen Dingen gelangt ist. Das ist die geeignete Zeit für dieses Gut: jeder, der als alter Mann zur Weisheit gelangt, gelangt zu ihr auf Grund seiner Jahre. Lebe Wohl.

———

Liber VII – Epistula LXIX

Seneca Lucilio suo Salutem,

(1) Mutare te loca et aliunde alio transilire nolo, primum quia tam frequens migratio instabilis animi est: coalescere otio non potest nisi desit circumspicere et errare. Ut animum possis continere, primum corporis tui fugam siste.

(2) Deinde plurimum remedia continuata proficiunt: interrumpenda non est quies et vitae prioris oblivio; sine dediscere oculos tuos, sine aures assuescere sanioribus verbis. Quotiens processeris, in ipso transitu aliqua quae renovent cupiditates tuas tibi occurrent.

(3) Quemadmodum ei qui amorem exuere conatur evitanda est omnis admonitio dilecti corporis – nihil enim facilius quam amor recrudescit –, ita qui deponere vult desideria rerum omnium quarum cupiditate flagravit et oculos et aures ab iis quae reliquit avertat.

(4) Cito rebellat affectus. Quocumque se verterit, pretium aliquod praesens occupationis suae aspiciet. Nullum sine auctoramento malum est: avaritia pecuniam promittit, luxuria multas ac varias voluptates, ambitio purpuram et plausum et ex hoc potentiam et quidquid <potest> potentia.

Seneca grüßt seinen Lucilius,

(1) Ich will nicht, dass du den Wohnort wechselst und von einem zum anderen übersiedelst; zunächst, weil ein so häufiger Umzug typisch für einen unsteten Geist ist: er kann in der Mußezeit keine Festigkeit finden, wenn er es nicht unterlässt, sich nach etwas umzusehen und umherzuschweifen. Um deinen Geist beherrschen zu können, beende zuerst die flüchtige Eile deines Leibes.

(2) Sodann richten Heilmittel am meisten aus, wenn sie ununterbrochen fortgeführt werden: die Erholung und das Vergessen des früheren Lebens darf man nicht stören; erlaube deinen Augen zu vergessen, erlaube den Ohren sich an die heilsameren Worte zu gewöhnen. Jedes Mal wenn du Fortschritte machst, wird dir allein schon im Vorübergehen manches begegnen, das deine Leidenschaften erneuert.

(3) So wie derjenige, der versucht, eine Liebe aufzugeben, jede Erinnerung an die geliebte Person vermeiden muss – denn nichts lodert leichter wieder auf als die Liebe –, so soll derjenige, der die Sehnsucht nach all den Dingen aufgeben will, die er durch seine Leidenschaft entflammt hat, sowohl die Augen als auch die Ohren von dem abwenden, das er hinter sich gelassen hat.

(4) Schnell nimmt die Begierde den Kampf wieder auf. Worauf auch immer sie sich stürzt – sie wird augenblicklich irgendeinen Preis für ihre Inanspruchnahme erwägen. Kein Übel gibt es ohne Handgeld: die Habsucht lässt Geld hervorfließen, die Zügellosigkeit viele und mannigfache Sinnesfreuden, der Ehrgeiz ein hohes Amt, [und] Beifall und daraus folgend sowohl Macht als auch alles, was durch Macht möglich ist.

(5) Mercede te vitia sollicitant: hic tibi gratis vivendum est. Vix effici toto saeculo potest ut vitia tam longa licentia tumida subigantur et iugum accipiant, nedum si tam breve tempus intervallis discindimus; unam quamlibet rem vix ad perfectum perducit assidua vigilia et intentio.

(6) Si me quidem velis audire, hoc meditare et exerce, ut mortem et excipias et, si ita res suadebit, accersas: interest nihil, illa ad nos veniat an ad illam nos. Illud imperitissimi cuiusque verbum falsum esse tibi ipse persuade: 'Bella res est mori sua morte.' Nemo moritur nisi sua morte. Illud praeterea tecum licet cogites: nemo nisi suo die moritur. Nihil perdis ex tuo tempore; nam quod relinquis alienum est. Vale.

———

(5) Schlechte Eigenschaften reizen dich wegen des Sündenlohns: jetzt musst du ohne Bezahlung leben. Kaum kann man in einem ganzen Lebensalter erreichen, dass die durch eine so lang dauernde Ungebundenheit aufgeblähten Verfehlungen aufgearbeitet werden und das Joch entgegengenommen wird, noch viel weniger, wenn wir die so kurze Zeit durch Pausen unterbrechen; beständige Schlaflosigkeit und Anspannung führen eine beliebige Sache [wohl] kaum zur Vollendung.

(6) Wenn du mir jedoch Gehör schenken willst, überdenke das eben erwähnte und wende es an, um den Tod sowohl zu erwarten als auch, falls es die Lage so empfiehlt, ihn herbeizurufen: es besteht kein Unterschied, ob er zu uns kommt oder wir zu ihm. Überzeuge dich selbst, dass folgende Aussage gerade von einem völlig Unkundigen falsch ist: „Es ist eine schöne Sache, einen natürlichen Tod zu sterben." Jeder Mensch stirbt einen natürlichen Tod. Folgendes magst du zudem für dich selbst erwägen: jeder stirbt an dem für ihn bestimmten Tag. Du verlierst nichts von deiner Zeit; denn was du aufgibst, ist ein fremdes Gut. Lebe Wohl.